青少年 **科普知识** 读本

打开知识的大门，进入这多姿多彩的殿堂

不为人知的
科学奇谜

伊 记◎编著

河北出版传媒集团

河北科学技术出版社

图书在版编目(CIP)数据

不为人知的科学奇谜／伊记编著. --石家庄：河北科学技术出版社，2013. 5(2021. 2重印)

ISBN 978-7-5373-5845-7

Ⅰ.①不… Ⅱ.①伊… Ⅲ.①科学知识-青年读物②科学知识-少年读物 Ⅳ.①Z288.2

中国版本图书馆 CIP 数据核字(2013)第 095458 号

不为人知的科学奇谜

buweirenzhi de kexue qimi

伊记　编著

出版发行		河北出版传媒集团
		河北科学技术出版社
地	址	石家庄市友谊北大街 330 号(邮编:050061)
印	刷	北京一鑫印务有限责任公司
经	销	新华书店
开	本	710×1000　1/16
印	张	13
字	数	160 千字
版	次	2013 年 6 月第 1 版
		2021 年 2 月第 3 次印刷
定	价	32. 00 元

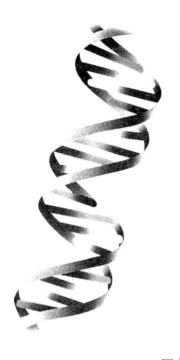

前言

　　在信息时代，知识已经愈发变得细化，任何知识都无法只通过一种简单的结构来描述。对待一个问题，只有再三求索，才能获知一个系统的答案。

　　古往今来，科学一直都是人类社会不断向前发展的长明灯，在它的引导下，人类才能在逐步解放生产力的基础上创造出更加精彩、美好的生活。科学的含义十分广泛，在浩如烟海的科学领域中也有很多我们所不了解的事实，比如海洋是从哪里来的？为什们有会走的植物？动物之间用什么交流？爱因斯坦的相对论是怎么回事？冰箱是谁发明的？……这些问题不过是科学领域中的冰山一角。为了探索自然界的不解之谜，我们编写了《不为人知的科学奇谜》一书。

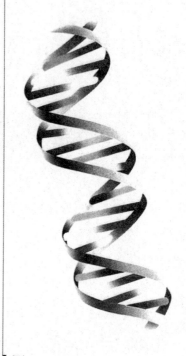

本书从包罗万象的知识体系中，精选生命科学、自然科学、社会科学、人文艺术、世界地理、世界历史等方面的内容，做了概括性讲述。内容囊括了宇宙海洋、动物植物、应用科学、人体奥秘等百科知识。在具体材料的选取上，从历史观点到科学理论，充分与各个领域最新的科技成果、信息数据接轨，让青少年能够紧随世界发展的脚步。本书图文并茂的编排，丰富多彩的知识，一定会为青少年读者带来视觉与心灵的双重愉悦。

希望青少年读者通过阅读本书，体会到自然界的奥秘、生活中的神奇，感受到人类文明的博大精深。

Foreword

前言

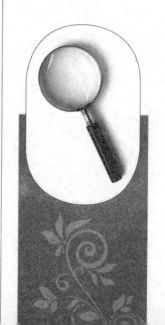

第一章 天文地理之谜

目录

Contents

目录

Contents

第二章　动植物之谜

第三章　数理化学之谜

目录

Contents

目录

Contents

第四章 应用科学之谜

第五章　人体生命之谜

不为人知的科学奇谜

目录

Contents

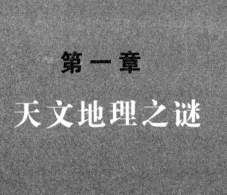

第一章
天文地理之谜

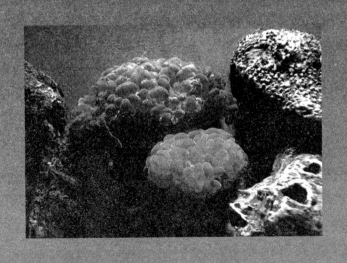

推想宇宙从何而来

人们常常会问：宇宙是永远不变的吗？宇宙有多大？宇宙是什么时候诞生的？宇宙中的物质是怎么来的？……

当人类第一次把眼睛投向天空时，就想知道这浩瀚无垠的天空以及那闪闪发光的星星是怎样产生的。所以，各个民族、各个时代都有种种关于宇宙形成的传说。不过那都是建立在想象和幻想基础上的。今天，虽然科学技术已经有了重大进步，但关于宇宙的成因，仍处在假说阶段。归纳起来，大致有以下这么几种假说。

到目前为止，许多科学家倾向于"宇宙大爆炸"的假说。这一观点是由美国著名天体物理学家加莫夫和弗里德曼提出来的。这一假说认为，大约在200亿年以前，构成我们今天所看到的天体的物质都集中在一起，密度极高，温度高达100多亿摄氏度，被称为原始火球。这个时期的天空中，没有恒星和星系，只是充满了辐射。后来不知什么原因，原始火球发生了大爆炸，组成火球的物质飞散到四面八方，高温的物质冷却下来，密度也开始降低。在爆炸两秒钟之后，在100亿摄氏度的高温下产生了质子和中子，在随后的11分钟之内，自由中子开始衰变，形成了重元素的原子核。大约又过了1万年，产生了氢原子和氦原子。在这1万年的时间里，散落在空间的物质便开始了局部的联合，星云、星系的恒星就是由这些物质凝聚而成的。在星云的发展中，大部分气体变成了星体，其中一部分物质因受到星体引力的作用，变成了星际介质。

1929年，哈勃对24个星系进行了全面的观测和深入的研究。他发现这些星系的谱线都存在明显的红移。根据物理学中的多普勒效应，这些星系在朝远离我们的方向奔去，即所谓的退行。而且，哈勃发现这些星系退行的速度与它

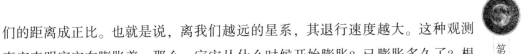

们的距离成正比。也就是说，离我们越远的星系，其退行速度越大。这种观测事实表明宇宙在膨胀着。那么，宇宙从什么时候开始膨胀？已膨胀多久了？根据哈勃常数 H=150 千米/秒，这个意义是：距离我们 1000 万光年的天体，其退行的速度为每秒 150 千米，从而计算出宇宙的年龄为 200 亿年。也就是说，这个膨胀着的宇宙已存在 200 亿年了。

20 世纪 60 年代，天文学中四大发现之一的微波背景辐射认为，星空背景普遍存在着 3K 微波背景辐射，这种辐射在天空中是各向同性的。这似乎是当年大爆炸后遗留下来的余热，从某种意义上，这也支持了大爆炸宇宙学的观点。但是，大爆炸宇宙学也有些根本性问题没有解决。如大爆炸前的宇宙是什么样？大爆炸是怎么引起的？宇宙的膨胀未来是什么格局？

第二种是"宇宙永恒"假说。这种假说认为，宇宙并不是像人们所说的那样动荡不定。自从开天辟地以来，宇宙中的星体、星体密度以及它们的空间运动都处在一种稳定状态，这就是宇宙永恒假说。这种假说是英国天文学家霍伊尔、邦迪和戈尔特等人提出来的。霍伊尔把宇宙中的物质分成以下几大类：恒星、小行星、陨石、宇宙尘埃、星云、射电源、脉冲星、类星体、星际介质等，认为这些物质在大尺度范围内处于一种力和物质的平衡状态。就是说，一些星体在某处湮灭了，在另一处一定会有新的星体产生。宇宙只是在局部发生变化，在整体范围内则是稳定的。

第三种是"宇宙层次"假说。这种假说是法国天文学家沃库勒等人提出来的。他们认为宇宙的结构是分层次的，如恒星是一个层次，恒星集合组成星系是一个层次，许多星系结合在一起组成星系团是一个层次，一些星系团组成超星系又是一个层次……

综合起来看，以上种种假说虽然说明了其中的部分道理，但还都缺乏概括性，还有继续探讨的必要。

宇宙到底有没有边际

宇宙究竟有多大呢？我们可以形象地来加以说明：我们先将太阳想象成一个南瓜，那么大约2500亿个南瓜就堆成了银河系，而1000亿以上这样的"南瓜堆"又分布在一个假想的"空心球"里，这个"空心球"就是宇宙的大小。而我们的地球在这个"空心球"里，不过像一颗小小的绿豆而已。

宇宙是无限大的。这个代表宇宙的"空心球"是由数以亿计的粒子组成的，其中每一个星系、每颗恒星和行星以及我们每一个人都是由这一堆基本粒子组成的。

所谓有限的宇宙是人类用哈勃望远镜能看到的，它所观察到的最远星系距离我们有150亿光年（光年，天文学的一种距离单位，即光在真空中1年内走过的路程为1光年。光速约为每秒30万千米，1光年约等于94 605亿千米），这个距离以外的地方就全是未知数了。这就跟宇宙中的所有基本粒子能够数清一样，至少从理论上说，在一定的时间内，我们能看见宇宙中的"最后一颗恒星"。但这并不意味着"最后一颗恒星"就是宇宙的尽头。

宇宙的边界

宇宙空间是有限无界的。如我们的地球就是这样一个有限的空间，你在它的表面上无论朝哪个方向走，无论走多远，你都不可能找到它的"边界"。而地球的体积是有限的，它的半径才6000多千米，所以最终你将回到出发点。爱因斯坦认为：在宇宙中无数巨大星系的巨大重力作用下，整个宇宙空间会发生弯曲，最终卷成一个球体，光线沿这个球面空间的运动轨迹也是弯曲的，并且永远到达不了宇宙的边界。

人类对宇宙的认识

古时候就有了"宇宙"这个词，但其含义与今天的大不一样。人类对"宇宙"的认识从自身居住的附近地区到地球，到行星，到太阳，再到太阳系……宇宙的空间正随人们的认识而逐渐"变大"。

在18世纪时人们眼里宇宙的大小还只局限于太阳系。

随着科学技术的发展，人们逐渐认识到：地球不是太阳系的中心，太阳才是太阳系的中心，而太阳也只是天空中数以万计的恒星中的一颗。

于是，人们心目中的"宇宙"开始逐渐扩展到了银河系。

18世纪之后，人们才弄清了太阳也只不过是银河系中众多的恒星中的一颗而已。

银河系的直径约为10万光年，厚度约为1万光年，太阳绕银河系中心旋转一周约需2亿年。随着人们的认识范围逐渐扩大，人们心目中的"宇宙"已不再是银河系，人类已经认识到，在银河系以外，还有许多"河外星系"的存在。这些"河外星系"离我们很远，即使通过大型的望远镜也仅仅能看到一些模糊的光点。

十几个或几十个星系在一起组成了"星系群"。我们的银河系就同它周围的 19 个星系组成了一个"星系群"，这个星系群的直径大约为 260 万光年。

比"星系群"更高一级的星系组织是"星系团"，它由成百上千个星系组成。"室女星座"里有一个星系团，包含了 1000 个以上的星系，其中心离我们大约有 7000 万光年。"后发星座"里包含了 2700 个星系，距离我们大约有 2.4 亿光年。而数量不详的"星系团"又构成了总星系。

宇宙的体积

通过了解人们认识宇宙的过程，我们已经可以初步地回答"宇宙有多大"这个问题了。

人们从自身居住的区域认识了地球，又从地球认识了太阳系，眼界扩大了成百上千倍；又从太阳系认识了银河系，眼界扩大了 1 亿倍；从银河系认识了总星系，眼界扩大了 10 000 亿倍……

随着人们认识的不断深化，宇宙的体积也在不断扩大。几十年前，总星系的半径还只有 10 亿光年，现在却已达到 100 亿光年……

爱因斯坦曾经"计算"出宇宙的半径为 10 亿光年，后来他又修订了"计算结果"，认为宇宙的半径是 35 亿光年。

事实证明，他所计算的宇宙大小的范围一次又一次地被突破了。

无限的宇宙

从天文学的角度来看，宇宙是有限的。

宇宙的大小实际上可以认为是总星系的大小，是一个以一定长度为半径的有限的时间和空间范围。

总星系是目前天文学所能探测到的最远的世界。目前，人们对宇宙的认识只能局限于总星系。

从哲学角度上来讲，宇宙不仅在空间上是无限的，在时间上也是无限的。时间上和空间上的无限，才使得宇宙能够成为一个统一的整体而存在。

目前，人类认为总星系的半径为 700 亿～800 亿光年，也就是我们心目中宇宙的大小。但 700 亿～800 亿光年以外，还可能有数不清的星系和星系团。总星系究竟有多大？它的边缘在哪里？它的中心又在何方？这些问题，人类何时能找到答案呢？

太阳中微子神秘失踪

中微子是一种非常奇特的粒子，它不带电，质量很小，大约只有电子质量的几百分之一。早在 20 世纪 30 年代初期，科学家就根据理论推测出，在原子核聚变反应的过程中，不仅会释放出大量的能量，而且还一定会释放出大量的中微子。到了 20 世纪 50 年代中期，科学家通过实验证实了中微子的存在。

中微子的发现引起了天文学家的注意，于是他们开始了对太阳中微子的观测和研究。太阳的能量来自 4 个氢原子核合成 1 个氦原子核的聚变反应。在太阳内部，时时刻刻都在进行着大规模的核反应，因此，中微子也时时刻刻从太阳内部大量地产生出来。中微子有一种奇特的性质，就是它的穿透能力极强，任何物质都难以阻挡。中微子从我们身上贯穿而过，我们毫无感觉。中微子不论碰上地球还是月球，都可以轻易地一穿而过。大量的中微子从太阳内部产生以后，就浩浩荡荡、畅行无阻地射向四面八方。地球表面每平方厘米的面积上，每秒钟就要遭受到几百亿个太阳中微子的轰击。

长期以来，人们只能根据观测太阳表层来推测太阳内部的状况。中微子却是直接从太阳内部跑出来的，它们一定会给人们带来有关太阳内部状况的宝贵信息。因此，天文学家对太阳中微子的观测和研究非常重视。最早开始探测太阳中微子的，是美国布鲁黑文实验室的物理学家戴维斯和他的同事们。他们在南达科他州地下深 1000 多米的一个旧金矿里，安放了一个特制的大钢罐子，里面装着 38 万升四氯乙烯溶液，用它作为俘获中微子的"陷阱"。当中微子穿过这个大罐子时，就会和罐中的四氯乙烯溶液发生反应，生成氩原子，并放出电子。用计数器测出产生了多少氩原子，就可以知道有多少中微子参加反应了。

戴维斯等人经过多年的努力，到了 1968 年，终于探测到太阳中微子。然而，出乎人们意料的是，他们所探测到的中微子数目比原先预期的要少得多，仿佛有大量的太阳中微子失踪了。这是为什么呢？难道太阳根本没有产生这么多的中微子吗？这个问题引起了科学家的极大重视，成为著名的中微子失踪之谜。

关于太阳中微子失踪的原因，目前科学家认为有好几种可能。第一种可能是目前人们对太阳内部状态的认识有差错，很多天文学家对标准太阳模型提出了很多修改方案，但是始终还没有哪一种修改意见能圆满解释这个问题；第二种可能是现有的原子核反应理论尚有问题；第三种可能是人们对中微子本身的认识并不全面；还有一种可能是太阳内部产生的中微子有很大一部分迅速地改变了本来的面目，所以人们没能探测到它们。但是，究竟谁是谁非，科学家们还不能下最后的结论。

为了早日揭开太阳中微子之谜，一直以来科学家不断推进新的中微子探测计划。看来，人们为此还须付出长期的、坚持不懈的努力。

地球难逃殉葬厄运吗

英国苏塞克斯大学的天文学家称，太阳将在76亿年后吞噬并气化整个地球，届时可怕的世界末日将会出现。但如果人们能够提前改变地球的运行轨道，那么这场灾难将有可能得以避免。

英国苏塞克斯大学的天文学家罗伯特·史密斯博士称，根据其研究小组以前的计算，尽管地球会被轰击烧成一堆灰烬，但最终将逃过毁灭。然而，这个计算并未考虑濒临太阳外层大气产生的拉力。史密斯博士说："我们以前的计算显示，随着太阳的膨胀，太阳质量会以强风的形式逐渐消失，这种风的强度比现在的太阳风猛烈得多。如此一来，太阳对地球产生的地心引力就会减少，使地球轨道得以向膨胀太阳的外部移动。如果只有这种作用力，地球就可以真正地逃过最终毁灭。然而，太阳外层稀薄的大气会在太阳可见表面上空膨胀开去，结果使得地球事实上将在这些低密度外层大气中做绕轨运动。低密度大气所产生的拉力非常强，足以让地球向内漂移，并最终被太阳捕获然后蒸发掉。"

史密斯博士与墨西哥瓜纳华托大学天文系的克劳斯·彼得·舒洛德博士合作，撰写了有关最新发现的论文。

史密斯博士称，76亿年后，迎来地球末日之前，地球上的生命早已消失殆尽。科学家们称，太阳缓慢地膨胀将导致地表温度上升，海洋蒸发，令大气层充满水蒸气，引发全球变暖失控。

最终，海洋将被蒸干，水蒸气将逃逸至太空中。届时，地球将变成一个异常火热、干燥且不宜居住的星球。史密斯说："随着太阳中心氢气的枯竭，太阳将变为一颗红巨星，并开始把氢聚变为碳和氧。后来再从其核心深处向前喷发出可怕的飓风，在高温飓风的影响下，那些靠近太阳的行星，水星、金星、地球，还有火星，都将慢慢地气化。它们的物质将与飓风汇合，汹涌澎湃地冲向太空。"

科学家们称，太阳这样大小的恒星是宇宙中最为典型的，它们生命中80%～90%的时间都处在稳定的主序阶段，当中心的氢逐渐燃烧完后，一颗恒星的生命就接近尾声了。此时星体核心会迅速收缩，相反地，外层的氢却开始燃烧并迅速膨胀，这是恒星生命中一个十分有趣的阶段：星体的体积大大增加，比如太阳这样的恒星会膨胀数百倍，膨胀的结果导致恒星表面温度下降，颜色变红，同时其表面亮度却会大大增强，天文学上习惯将光度（即恒星的本质亮度）大的天体称为"巨星"，因此这一阶段的恒星的典型特征就是"红巨星"。

相对而言，"红巨星"阶段是很短暂的，此后由于核心的收缩导致温度进一步升高，从而引发氦原子核聚变为碳原子核的反应，以及此后一系列更为复杂的核聚变反应，恒星将会快速地走向死亡。

改变地球轨道可能避免灾难。人类能不能采取一些措施来避免地球遭遇这场灾难？史密斯博士认为，加州大学圣克鲁兹分校的一个科研小组提出的这个惊人设想非常可行。

根据这个设想，可以利用飞越的小行星的引力，把地球"轻轻推离"这个危险区。每6000年左右的一个合适飞越将足以使地球免于此场灾难，并使地球多存活至少50亿年，甚至活得比太阳这颗红巨星还长。

史密斯博士说："这听起来像是科幻小说，但是设想中所需的能量完全可能实现，并且我们有望在未来几个世纪中研发相关技术。不过，这是一个高风险的战略，因为任何一个细小的错误计算都可能导致小行星撞上地球，其结果是灾难性的。另一个相对安全的解决办法就是建造一队星际'救生艇'，能离开太阳的危险范围，但仍能利用太阳的能源。"

月球充满了谜团

1954 年，美国《纽约先驱论坛报》公布了一个令人震惊的消息：在月面的危海发现了一座巨大的桥形建筑物，全长近 21 千米。这一发现得到了很多天文学家的确认。

那真是一座"桥"吗？

英国皇家天文学会月面研究所所长威尔金斯博士在广播节目中发表了自己的看法："那个桥形物似乎是建造而成。"进而他又对听众的疑问——"如果是建筑物的话，能谈得更具体些吗"做了回答："说它是建筑物也就是说它是运用了某种技术建造而成的。"他补充说："那座桥还在月面上留下了投影，看上去与一般的桥没什么两样。"

在这次广播中，威尔金斯博士不仅只字未提这座桥是"自然形成的东西"，而且还多次强调它"似乎是人工建成"。

他对月面的危海情况了如指掌，但过去那里并不存在这座桥，这也是事实。因此，他推测，这座桥很有可能是来自其他行星的"人"在近年内建造的。

不仅如此，这种智慧生物还陆续建造了四角形或三角形的壁状物，甚至还建造了圆顶状建筑物，在这里出现又在那里消失。这难道不是来自其他行星的智慧生物特意所为的吗？

苏联人在月面上发现了"塔状物"，这对美国航空航天局和白宫无疑是一次巨大的震撼。然而，就在同年，即 1960 年 11 月 20 日，美国"月球轨道环行器 1 号"在执行月球探测任务时，也发现了月面"塔状物"。根据该环行器的观测，美国人称之为"金字塔"。发现的地点就是人类在月面首次留下脚印的"静海"。环行器拍摄的照片显示，那些金字塔有些像埃及的金字塔。

科学家们分析这些照片后得出了结论：这些金字塔的高度为 12~22 米。而苏联科学家对此高度的估计要大得多，比美国科学家估计的要高出 2 倍，即至少 38 米，相当于地球上一幢 15 层左右的大厦。

苏联空间工程学家亚历山大·阿布拉莫夫也研究过"月球轨道环行器 2 号"所发回的照片，他认为这些金字塔的排列方式总在发生变化。他计算出这些金字塔的建造角度，运用几何学的原理进行了详细的分析，其结果令人震惊：这些金字塔与人们所熟知的"埃及金字塔三角"的排列方式完全一致。在阿布拉莫夫看来，月面上被确信为人工所为的建筑物，竟然与地球上考古学家和历史学家所熟悉的埃及金字塔的构成方式完全相同，看来这很难用"偶然"一词加以解释。

这些金字塔位于月球的静海，而后来"阿波罗计划"所选择的登陆点正是静海。这看起来不像是某种巧合。美国航空航天局不会不知道月面金字塔所处的位置。这些金字塔的拍摄时间比"阿波罗计划"要早 3 年，航空航天局试图向公众表明，他们并不知道，这些金字塔是自然形成还是人为建筑的，并认为有必要进行研究，然而他们为何当时不公开这些发现呢？显然，"阿波罗计划"的登月点选择在静海，其主要目的便是试图揭开这个谜底。

我们知道美国人对这次旅行采用了形似天文镜大小的微型导线及银质板，上面用特别方法标有以下材料：用 74 种语言向外星文明的呼吁、人权宣言中的摘录、埃森那哈会议通过的空间宇航法典摘录、美国总统的呼吁和美国航空航天局的呼吁及无线电波。

阿波罗计划中第一次载人登月成功的是"阿波罗-11 号"，其载员是阿姆斯

特朗、奥尔德林及考林斯。

当"阿波罗–11号"到达月球轨道时，机舱内只留下考林斯，而登月舱"猎户星"将阿姆斯特朗和奥尔德林送上月球表面后，双方通过双波双通道联系。其中一个主要通道伴有电视传真，第二通道为备用，同时美国航空航天局也可以接收到信号。

这些信号澳大利亚及瑞士的无线电爱好者也同样可以接收到。据说当他们刚一接触月球表面时，阿姆斯特朗就在话筒里叫喊起来："见鬼，我真想知道这究竟是什么？就在我们面前，在旁边有一个火山口，有几个宇宙飞船停放在那里。飞船非常大，而且在监视着我们。"接着他嘶哑地喊叫起来："请发令给考林斯，作起飞准备。"再说那位较为平静、不易激动的奥尔德林，他开动了主通道，着陆后抓起无色的月球土壤。他还拍下16毫米的彩色影片，记下了所有的情节。奥尔德林用主通道转播了一切，并开动了备用联系通道。在备用通道里他说道："我看见了某些自由发光的石块。"

这些现象孰真孰假，也许只有等到我们能够直接深入到月亮之中时，谜底才能破解。

海底平顶山存在吗

　　海底平顶山（又名海底截顶山、截顶锥），是美国海洋学家赫斯 1942 年 10 月首次在太平洋中部莱恩群岛附近（北纬 8°50′，西经 163°10′）发现的。在回声测深剖面上，海底平顶山酷似被拦腰锯断的大树桩，兀立海底。赫斯用他的老师、美国地理学家居约（Arnold Guyot，1807–1884）的姓氏命名，后被美国科学界普遍采用。"Guyot"原是个法语姓氏，在地理学上，现即意译为海底平顶山。世界上迄今发现海底平顶山约 1 万个，以太平洋最多，仅密克罗尼西亚群岛海域即超过 500 个，太平洋中部与南美洲西岸附近也有不少。大西洋和印度洋亦有，但为数不多。

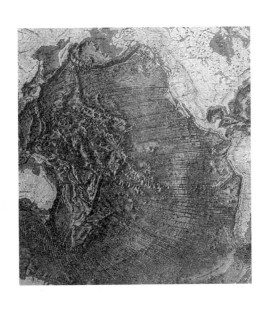

海洋中的平顶山好似死火山，大多由橄榄岩和玄武岩构成，直径大者可达几千米，下半部呈阶梯状。有的孤峰耸立，有的群峰成片，有的成串链状排列。南太平洋是世界海底平顶山最多的洋。其中汤加海沟附近的一座平顶山，高出洋床 8690 米，顶部离海面仅 3 ~ 6 米，是世界最高的海底平顶山。著名的科普平顶山在美国西海岸华盛顿州外 400 多千米，山顶面积约 8 公顷，离海面 33 米，为海洋考察船锚地，收集海洋资料仪器的浮标站。深海平顶山附近，海水上升流较活跃，多浮游生物，为天然渔场。

海底深沟的解密

深海海沟（又称海渊、海槽）是19世纪70年代欧洲人测量越洋电缆的铺设路线时初次发现的。最先在太平洋西北部的边缘海域和大西洋某些部分发现，以后，深海海沟就成了许多海洋学考察船的考察对象。世界大洋底的深海海沟，由于测量方法、精度以及确定海沟长度、深度的标准不同，各方资料不尽一致。

综合各种文献所述，在50条左右。其中绝大多数分布在太平洋，计有32条，其次为大西洋（7条），印度洋（4条），北冰洋（2条）。在所有的深海海沟中，深度超过6000米的仅33条，以太平洋最多（24条），大西洋次之（5条），印度洋第三（4条）。深度超过10 000米的共6条，全集中于太平洋，其中马里亚纳海沟（最深处查森杰海渊深达11 034米）为世界最深的海沟。

足以装下喜马拉雅山的深沟

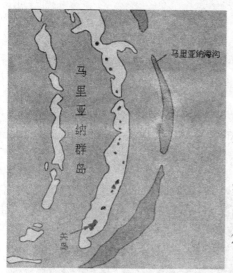

洋底有高山也有深沟。世界大洋深度超过 6000 米的海沟共有 29 处，其中太平洋就有 19 处，而超过万米深的 6 个深海沟，全都分布在太平洋。说也奇怪，海洋中最深的地方，不是在大洋的中央，而是在大洋的边缘。世界上最深的海沟——马里亚纳海沟，就位于大洋西部。这一海沟长约 2550 千米，宽约 70 千米。马里亚海沟西北角的查林杰深渊，是世界海洋的最深点，深约 11 034 米，比世界的屋脊——珠穆朗玛峰的高度还要多2000 多米。

"深海绿洲"藏有多少神秘

1977年10月，美国《国家地理》杂志报道了美国地质学家的一个惊人发现。他们乘坐"阿尔文"号深潜器在东太平洋加拉帕戈斯海底裂谷中，第一次发现了充满生命的热泉口。这些奇怪的热泉高耸在2600米深的海底火山附近，就像一个个烟囱一样，向外喷吐着一股股的热液，热液的温度高达350℃。更奇怪的是，在热泉口附近竟浮游着各种各样的前所未见的奇异生物——大得出奇的红蛤和海蟹、血红色的管状蠕虫、大量的牡蛎和贻贝，还有一些类似蒲公英的生物，其放射状的细丝附着在海底岩石上。可热泉区以外的深海却像沙漠一般荒芜，只偶尔可见几个八角珊瑚、小海星及海葵点缀在黝黑的海底玄武

岩上。这些意外发现使参加调查的科学家们大为惊奇。谁能想象得到，在永远不见阳光的漆黑海底竟有这样一个奇异美妙的"深海绿洲"！

1979 年 1 月，美国科学家再次乘坐"阿尔文"号深潜器对加拉帕戈斯裂谷和东太平洋海隆进行考察。在水深 2600 米的海底火山口，科学家除了再次发现上述各种生物外，还发现了一种长得很像白鳗的鱼，这是人类所发现的第一种完全不依靠阳光生存的脊椎动物。他们进一步研究了泉口那些引人注目的簇簇红色管状蠕虫。这些蠕虫大的有 2 ~ 3 米长，其白色外套管固定在岩石上，保护着自己柔软的身躯。科学家发现它们既没有眼睛也没有嘴，甚至连消化系统也不存在，靠伸出套管顶端的触角过滤海水中的食物，由血液把这些营养物输送到全身。生物学家至今尚未弄清楚它属于哪个门类，也不知道它是怎么繁殖后代的。

海市蜃楼之谜

　　1998 年 7 月 6 日，德国北海库克斯港平静无风。在街上玩耍的一个男童，奔回家里激动地对母亲大声说："妈，天上掉下一个岛来！"妈妈听了不禁哑然失笑，等她向窗外一看，脸上的笑容顿然消失，因为就在她的眼前，近岸的海姑兰岛倒挂空中。沿岛的红岩悬崖绝不会错认，岸上的沙丘和别的细节全都清晰可见。那个岛就像天上有双巨手把它倒提悬在半天空，似乎随时都可能坠毁。海姑兰岛当然没有坠下，那是海市蜃楼。傍晚时分，空中的幻象消失不见了，孩子的恐惧也消除了。

　　海姑兰岛的幻象，偶尔在库克斯港上空出现，那只是使人惊异的大气异象之一。北极区也有这幻象，曾愚弄人类前后将近 100 年。1818 年，苏格兰探险家约翰·罗斯爵士从英国出发到北极去找那条不明确的"西北航道"，据说是一条沿北美北岸连接大西洋与太平洋的水道。罗斯进了加拿大巴芬岛以北的陌生水域。一天早晨，他在甲板上看见前面有大山挡住去路，以为是驶进了死巷，于是掉转船头回航，并报道说根本就没有西北航道。

大约100年后，美国北极探险家皮里也说北极有一条未画入地图的大山脉。他说："我们看到了那些大山，称之为克拉寇兰山。"

北极这条神秘的大山脉，引起了当时世人的兴趣。山脉后面还有什么地方？山脉到底坐落何方？山里会不会有矿藏或黄金？那里有没有不知名的部落住民？许多冒险家和探险家纷纷前往北极，可是谁也找不到大山。最后，纽约市美国博物院捐出30万美元，派了一个科学考察团进入该区。考察团团长麦米伦成了当时全世界报纸上的风头人物。

不过，在皮里看到大山的地方，麦米伦看到的只是一片冰天雪地。皮里说有又深又宽阔水道的地方，麦米伦只遇到威胁他那艘船的大块浮冰。后来克拉寇兰山真的出现了，不过很奇怪，这些大山坐落的地点，在皮里所说的地方以西约320千米。

麦米伦在浮冰之间航行，到实在不能再前进时才停船抛锚，带着一队仔细挑选的人在冰上徒步前进。可是，他们向山行进时，山却向后退，他们止步，山跟着停止后退。他们再向前走，山又后退，那些冰峰雪地在北极阳光中，好像向他们招手，阴暗的山谷里看来很可能有丰富的矿藏。

他们奋勇前进，最后进入了一个三面环山的低谷，成功显已在望。可是等太阳落到地平线下，周围的高山和丘陵像变戏法似的，都消失了踪影。他们吓得目瞪口呆，只能静悄悄地看着现实的环境。他们身在一片广阔无际的冰原上，四面全是冰，极目所及都是冰。眼前没有小山，更无大山。麦米伦一行人站在北极地区黄昏时分淡绿色的微光里，大自然让他们上了一次大当。

海市蜃楼是特殊大气情况下产生的光幻视。光线通过不同温度（也就是说不同密度）的毗连气层时，会产生折射，造成蜃景。举例来说，假定有个沙漠，太阳把沙晒热以后，沙子上方最底层的空气也热起来。在这一薄层热空气的上面，有许多层较冷的空气。因为热空气密度比冷空气低，光线通过热空气要比通过冷空气容易。光线通过不同密度气层的边界时，其方向改变，使光线产生折射现象。

假定有个人站在沙漠某处的沙丘上观看景色，离开他几百码的沙丘上有个棕榈树丛，在这两个沙丘之间又有一层被热沙炙热的空气。在这种情况之下，

虽然那里只有一个棕榈树丛，那人却会看到两个棕榈树丛。一个是正常的正像，光线在空气中走的是直线。另一个是倒像，在第一个像下面，是光线经过折射到达那人眼中而形成的。这些光线从棕榈树那里向下斜射进入盖着沙漠的那层热空气，然后折射向上，从下面射进那人的眼里，就像沙漠上放着一面镜子，从镜子里看到棕榈树的倒影一样。同时，来自天空的光线也因那层摇动的热空气而发生折射，使人见了觉得那是一片水，水里有两个棕榈树丛，真的正立，假的倒立。

夏天我们有时在公路上或其他炽热平面上看到的"水潭"也是小型的海市蜃楼幻象。它们是被热平面上灼热的空气折射回来的一片片天光。有许多故事说，在沙漠中迷路的人常被这种蜃景折磨得发狂。蜃景既非出于想象，也非源于幻觉，而是晴朗天空的折射像。阿拉伯人叫它们为"魔鬼湖"。沙漠的空气也能造成海市蜃楼，使远处的绿洲、城镇或是遥远的地方，看来就在附近，这又给游牧民族的传说增加了不少材料。

北美西南地区的沙漠也以海市蜃楼幻象驰名。亚利桑那州科齐斯县，沿铁

路线有个 16 千米长的湖。在冬夏两季都可以看见湖里有水，实际上那个湖在夏天是干的，湖里并没有水。在夏天，天空的光被晒干的湖底上的热空气折射回来，造成了湖水的幻象。当地居民说发生过这样一件惨事：有个飞机驾驶员曾在冬天见过那个湖，有一次在夏天，他想把水上飞机降在湖上。就在他开始降落时，幻象突然消失。他只好做紧急降落，结果飞机在湖床上撞毁，他也因伤重丧命。

若冷热两层空气之间的界限参差不齐，折射像往往会变形。美国探险家安德鲁斯曾一度看到形如巨大天鹅的异兽在戈壁沙漠的湖中涉水。从几百码以外遥望，它们宛如来自另一世界的庞然巨怪在来回走动，细长的腿几乎有 15 英尺长。安德鲁斯立刻叫探险队的画家，把这些不寻常的野兽画下来。他自己则蹑足向湖边走去。他走得越近，湖的面积缩得越小，野兽也变了形。肥硕的大天鹅变成了苗条的羚羊，安详地在沙漠上找草吃。热空气曾产生了水的幻影，由于热空气层高低不平，致使动物的形状变得稀奇古怪。

第一次世界大战期间，双方交战时，海市蜃楼使英军炮兵不能开炮。炮兵眼前出现虚幻景物，把敌军阵地遮盖起来。英军司令部在报告炮轰时说："由于海市蜃楼作祟，战事不得不暂时停止。"

1798 年，拿破仑的部队在埃及也碰到过海市蜃楼。据说他的部队看见景物倒悬、湖泊失踪、平地变成棕榈树丛，纷纷跪在地上祷告，求上苍使他们免受世界末日的浩劫。远征军里至少有一个人——法国数学家孟日，还能保持清醒，提出了科学上的解释，他们才明白其中奥妙。

南北极的海市蜃楼不同，靠近地面的空气十分寒冷，而上面却有一层较暖的空气时，蜃景便会出现。那时会看到遥远物体的形象移到天上。这些海市蜃楼往往有双重映像。例如，船只或冰山在风平浪静的海面漂浮，水中会有它们的倒影。在远处的人既能看到物体的形象，也能看到上方较暖空气层折射回来的倒影。这样的"双重曝光"式映像，英国海军上校斯科特 1912 年在南极探险时已有正式记录。队员在南极内陆长途跋涉后回到岸边，看见补给船"新地"号的双重映像挂在空中，上面是正像，下面是倒像，船上的炊烟正向相反方向飘出。虽然船本身遮在大山的后面，可是在蜃景里却可以看到船上一切很正常。

偶尔空气还要开些有趣的玩笑。巴黎上空有时会出现原物倒像的蜃景，那时埃菲尔铁塔便会在头上顶着它自己的一个倒像，给巴黎市添个奇景。

第一次世界大战时，一个德国潜艇艇长在北美海岸附近，从潜望镜看到纽约的摩天大楼倒悬在他头顶上的天空，整个城市好像就要掉到海里的样子。据说那个困惑的艇长看到这种情景，下令仓皇逃向远处海中。

海市蜃楼不一定都是物体的真实形状。可能是放大的像，可能是缩小的像，也可能是变形的像，就如在哈哈镜前看到的歪曲形状，变形的程度随光线折射的空气层之位置和成分而异。蜃景中，北极海的一块浮冰会看似一座危险的冰山，一株棕榈树会缩成一片草叶，渔舍也会变为巍峨的宫殿。

在某种情况下，我们可以看到拐角那边物体的蜃景。譬如说，若在覆冰峭壁之类的直立平面上出现寒冷的空气层而使光线折射，光线便会因折射而绕过峭壁。一个在北美落基山脉中行走的人说，因为自己遇到这样折射的蜃景，所以预先知道有一头熊藏在转过山脚的小路上。

"复杂蜃景"大概是世界最有趣的蜃景了，在意大利与西西里岛之间的麦西那海峡以及日本富山湾上，偶尔可以看到。这种蜃景的名字出自意大利有关仙女摩根拿的海底魔宫的寓言。后来一般都用摩根拿这个名字代表各种各样的海市蜃楼。

复杂蜃景的出现，海水必须相当温暖，使接触海面那层空气的温度升高，更高处必须另有一层暖空气，于是形成两层暖空气夹着一层冷空气。这样一来，中间那层冷空气不但会产生双重蜃景，还能发生柱面透镜的作用，把物体的高度放大。

复杂蜃景出现时，各种各样的蜃景，正的、倒的、放大的、缩小的、变形的复像等，全都混杂在一起。复杂蜃景并不突然出现，出现之前，空中会先出

现一片诡谲的云。如果麦西那海峡上空的空气很热，海上风平浪静，这片怪云里便会有一个美丽的海港市镇的像闪烁摇动。然后会有第二个市镇出现在第一个之上，还会有第三个，每个市镇里都有闪闪发光的高楼和宫殿。有时看来房舍似乎是在水面之下，据说那就是仙女摩根拿居住的地方。似乎还能看见街上有行人，穿着宽大的白色衣服。

在麦西那海峡出现的复杂蜃景，究竟是什么市镇的折射像，直到今天还争论不绝。有人说那是西西里岛麦西那港口，有人相信那是一处海岸，岸上树木山石因放大和变了形而看似宫殿和高阁。更有人说那是意大利一个偏僻渔村的影子，通过海市蜃楼的魔力，变成一个美丽的市镇了。

不论那是什么地方，复杂蜃景始终是美丽无比的空中景象。尽管比别的海市蜃楼更多姿多彩，复杂蜃景也像别的海市蜃楼一样，是因光波穿过空气时所遵守的自然法则而造成的结果。

地球生命起源

从古至今，人类有许多未解之谜，人们对此也极为关注，生命的起源便是其中之一。

早在 19 世纪末，当人们通过反复实验，证明在正常条件下生命不可能从无生命物质转化而来，即证明生命自然发生说是谬论时，就有人把视线转向了宇宙空间。1907 年，瑞典著名的化学家阿列纽斯（1859—1927）发表了《宇宙的形成》一书。他主张，宇宙中一直就有生命。"生命穿过宇宙空间游动，不断在新的行星上定居下来。生命是以孢子的形式游动的，孢子由于无规则运动而逸出一个行星大气，然后靠太阳光的压力被推向宇宙空间里。"与此同时，其他科学家也证明了这种压力的存在。因为在宇宙中类似太阳这样的恒星数不胜数，故类似太阳的恒星光是处处

存在的。根据以上表述，我们可以说产生生命推动孢子运动的光压力在宇宙中是客观存在的，而且极其普遍。阿列纽斯认为：孢子在星际空间里被光辐射推着往前走，直到它掉到或落到某个行星上，由此便可产生活泼的生命。如果那个行星上已有生命，它就和它们展开强劲的竞争；如果还没有生命，并且条件具备，它就会在那里定居下来，于是便使这个行星有了生命。

据他估算，孢子从火星飞向地球仅需 84 天，只需 14 个月就可轻松地飞出

太阳系，若要飞到距地球最近的恒星——半人马座的比邻星（距地球4.3光年）也不过9000年。显然这些数字从天文学的角度来看是微不足道的。阿列纽斯还认为，孢子有着厚重的外衣保护，生命力极其旺盛，足以忍受住遥远的、寒冷的、没有水分和营养的艰苦的星际旅途，而不丧失其复苏的能力。一旦由于纯粹偶然的原因，这些宇宙间的"流浪汉"来到了一个适宜生长的优质环境中，便开始了征服这个星球的过程。

许多学者支持阿列纽斯的这一理论。但是，由于他主张生命在宇宙中是永恒存在的，这就抹杀了生命有过起源的问题，把生命起源的探索推向了不可追溯、不可认识的唯心领域，甚至为神创论者所利用。

近年来的一系列发现又重新唤起了人们对生命天外来源说的极大关注与热情。首先人们注意到，地球上的生命虽种类庞杂，但它们却具有一个固定的模式，具有相似的细胞结构，都由同样的核糖核酸组成遗传物质，由蛋白质构成活体。这就使人们产生了疑惑，如果生命果真是在地球上由无机物进化而来，为什么不会产生多种生命模式？其次，还有人特别注意到，稀有金属钼在地球生命的生理活动中，具有重要的作用。然而钼在地壳上的含量却很低，仅为0.0002%。这使人不禁又要问，为什么一个如此稀少的元素会对生命具有如此重要的意义？地球上的生命会不会本是起源于富含钼元素的其他天体呢？第三，人们还不断地从天外坠落的陨石中发现有起源于星际空间的有机物，其中包括构成地球生命的全部基本要素。人们还发现在宇宙的许多地方存在着有机分子云。生命绝不仅仅只存在于地球上，人们对这一论断深信不疑。再者，一些人还注意到，地球上有些传染病，如流行性感冒，常周期性地在全球蔓延，而其蔓延周期竟与某些彗星的回归周期相吻合。于是人们有理由怀疑，是否有些传染病病毒来自彗星。如果这真有可能的话，那么当然也不能排除有其他的生命孢子传入的可能。

近代对生命天外起源说的最重要支持，来自下述两个实验。

早在19世纪末，人们就发现，来自宇宙的星光，在到达地球的途中，由于被星际物质所吸收，而造成了星光的减弱。

然而，究竟是什么物质造成了这种星际消光现象呢？

长久以来，一直没有得到准确满意答复。近代利用人造卫星进行研究，把来自宇宙的星光展成光谱，发现在红外区域的 3.1 微米、9.7 微米、6～6.7 微米和紫外区域的 0.22 微米波长处均有强烈的吸收带。

这使我们有可能在实验室里进行实物模拟，以此来确认究竟是什么导致的消光现象。

人们曾一度认为，造成星际消光的物质是石墨构成的宇宙尘，也有人认为是硅酸盐尘，还有的人说是带有苯核的有机物，但实际模拟的结果却将这些假说一一否定了。

不久前，英国加迪夫大学教授霍伊尔对此重新进行了一次细致入微的研究，他大胆地假定，宇宙中充满了微生物，正是这些微生物造成了星际消光。

根据这一新奇大胆地设想，他用大肠杆菌进行了模拟试验，结果不出所料，在紫外 0.22 微米的波长范围里，他找到了与星光相吻合的吸收带。

在霍伊尔实验的启迪下，日本京都大学的薮下信助教授等人对大肠杆菌进行了更详细的研究，结果在红外区域的 3.1 微米、9.7 微米和 6～8 微米均找到了相似的吸收带。

但在紫外区域减光曲线则与霍伊尔的结果稍有偏差，减光曲线的峰值不是在 0.22 微米，而是在 0.9 微米。薮下等人认为，一个原因可能是大肠杆菌在宇宙中也许会有一些不同于地球的特征，从而造成了这种细微的差别；另一个原因可能是空气中的氧气也会吸收紫外线，也许是氧气造成的干扰。

因此他们开始着手准备到"空间实验室"中去进行这一实验。

1985 年英国《自然》杂志发表了彼得·威伯等的实验结果。他们把枯草杆菌置于模拟的宇宙环境中，即在气压低至七亿分之一个大气压的高真空条件，温度为 10K 时，进行紫外线照射。

结果发现枯草杆菌具有非常强的耐受能力（比在高温条件更能经受得住紫外线的照射），其中有10%可存活几百年的时间。如果枯草杆菌不是置于高真空条件下，而是置于含有水、二氧化碳等的分子云内，则其存活时间可达几百万到几千万年，因此他指出：这种"云"足以在明显短于枯草杆菌平均存活时间的范围内，从这个星球移向另一星球，从而把生命的种子撒向四方。

经过一次又一次细致的调查研究，生命起源学说得到了人们的极大关注。

科学家们正在进一步探索生命起源的奥秘，相信终有一天会解开这个谜。

地球物种起源

那时是 1835 年的 3 月，生物学家达尔文第一次率队勘察崎岖的秘鲁群峰。在登上安第斯山脉西面险峻的山坡道路，进入一条狭窄弯曲的小径时，骡队停下来休息。达尔文眺望动人的景色，嵯峨的顶峰，深邃的涧谷，在晴空中盘旋的巨型秃鹰。突然间，附近一面岩壁上的小发光物体吸引了他的注意力。走近细看，原来是一枚海贝。接着又看到无数贝壳，从同一条石灰石夹层凸出来。

达尔文迅速下了骡子，着手撷采贝壳。他忘记了那里海拔一万三千英尺左右。骡夫一直在抱怨天气寒冷，他也因空气稀薄而喘气。这位生物学家若能在那里停留几天，一定会有极大收获。可惜当时是南半球的夏末，如果开始降雪，这个在安第斯高山的恶劣环境下备尝艰苦的勘察队，就会被困。

达尔文采集贝壳化石时，发现其中有些与以前在太平洋海滩上采集的相似。在过去某个时期内，这些贝壳大概都沉在海洋底下。由于某种不详的隆起过程，从前是低洼的洋底，竟然升到一万三千英尺的高处。当时的地质学家一直以为，安第斯山脉是由火山喷出的熔岩造成的。达尔文推断，并不是全部如此。今天，我们晓得达尔文的说法很正确。慢慢漂移的地壳板块互相摩擦，在许多地域弄皱了洋底，还把洋底向

上推，沿着几个大陆的边缘挤出了几条大山脉。

达尔文在这座高山采集的化石，促使他改变对地球年龄的看法，最后也改变了世人对地球年龄的看法。达尔文知道，带有贝壳的沉积物，从海底升到山巅，必须历经亿万年时间。达尔文也知道，安第斯山脉的贝壳绝非特殊例子。在阿尔卑斯山脉和其他山脉，以前也发现过类似的化石。

在某种意义上，藏在岩石里的化石，可视作过去年代的地质岩，记录着地球历史的年代递变，每一代各具其特有的生物体型。只要没有剧烈扰动，带有最老年贝壳的最老年沉积岩层，就会被压在任何沉积层系的底部。带有较幼年化石的较幼年海洋沉积物，必会沉积在洋底较老年岩层的上端。如果这些地层未曾变动，其年代顺序就如书中的页数那样排列分明。

化石除说明过去的地质变化过程外，还是地球上绝种生物的实证。自古以来，无数生物的遗体沉积在海洋底下，虽然多半会腐坏，但许多有坚硬肢体，它们嵌入洋底的砂砾、沉积物和粉沙内，得以保存下来，还深埋在不断沉积海底的其他有机体残骸下面。在陆地上，生物化石保存在原油坑、藓沼、沼泽、洞穴、河床、冰原等地。

达尔文在安第斯山脉有所发现前的时期，许多人早在地球各处发现过贝壳和骨骼。古希腊人曾在离海滩极远的内陆捡到海贝，因而推论海洋过去必曾一度涌至那片陆地。有时候可能发现类似庞大野兽骨骼的大碎块，希腊人却只认为那是神话中的怪物。

此后若干世纪内，人类在干燥的陆地上，陆续发现海洋生物的化石遗迹。但是很少人晓得希腊人对过去海平面改变的解说，更少人同意希腊人的说法。有些博学之士相信，化石是外来异物，从其他星球降落地球的种子长成；另一些学者坚持说，化石必是偶然在地里形成的生命拟态；还有些思想家推论，化石是魔鬼的杰作，埋在地里以愚弄好奇的人类。

在17世纪的欧洲，化石遗迹引起的谜团，有一种新的意义。教会学者看到圣经出现各种不同的阐释和译解，甚感震惊。当时维系社会与宗教所凭借的，是长期公认的圣经威权。宗教领袖为了维护这种威权，便着手以当代的科学方法证明神迹，特别要证明创世的记载确有其事。拿科学的事物来支持圣经的启示。

化石是地球上有奇怪生物的证据，关于化石问题，必须有个交代。剑桥大学学者雷伊（1627—1705）是一位极优秀的博物学家。他不相信化石是从遥远星球降落的种子长成的，也不相信是魔鬼的杰作；认为自己在内陆采集的贝壳化石，实在一点也不反常，即使与当时冲到海滩的贝壳相比也完全一样。在内陆的其他发现还有鱼类骨骼，而他晓得那些鱼类都栖于海洋深处。

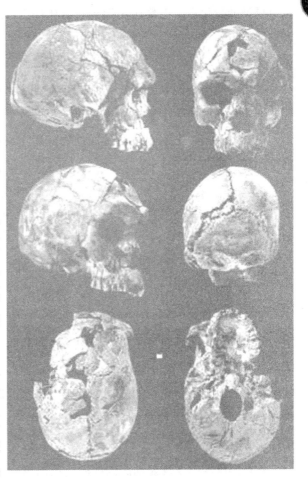

雷伊相信教会的教义，认为在陆地上发现海生动物化石是圣经所载大洪水的证据。但他想知道，化石为什么不是较为平均地散布地球各地，而是聚积或堆压在岩石层中？化石堆里为什么会有地球上未为人知的奇怪生物遗迹？今天陆上的动物，不都是诺亚方舟里那些动物的后裔吗？

雷伊推断，圣经上记载的40个昼夜洪水期间，所有深渊里的水，必已满得溢出。深渊据说就是那些在地壳底下的蓄水池。他写道，"在这种庞大压力下，洪水冲出'神能'造成的那些宽阔的'口'和'隙'，使'渊源'裂开了"。这就圆满地解释了化石集中在陆上某些地区的原因。虽然雷伊仍未能说明何以会有未为人知的奇怪生物遗迹，但是其他问题似乎都有了交代。

之后不到一个世纪，新化石的发现，使科学家无法再忽略那些异常的现象。法国博物学家邱维埃男爵（1769—1832）在巴黎周围的泥土中发现飞龙和其他

珍奇兽类的骨化石。巴黎居民拥到石膏矿场，目睹他发掘骨头的情景。邱维埃根据遗迹重新拼成许多副骨骼，显出那些动物活着时的形象，这就更加不可思议了。

著名的法国小说家巴尔扎克惊叹道："邱维埃不是20世纪最伟大的诗人吗？我们这位不朽的博物学家根据苍白的骨头重造了万物。他拿起一块石膏对我们说一声，'留神！'石膏就立刻变成动物，死物恢复了生命，另外一个世界也就展现在我们眼前。"

邱维埃像具有巫师法力似的，突然展出了一群绝了种的动物。这些动物绝不是胡乱凑在一起的。过去的动物正如目前的动物一样，都可分为鸟类、哺乳类、爬虫类等。

邱维埃从岩床中挖掘这些远古遗迹时，发觉海生动物化石嵌在某一层岩层中，陆生动物化石则在另一层岩层中。在海陆两大类之间还间或有一岩层全无化石。邱维埃推论，法国这一部分地区必定曾没于海水中；在这段期间，沉积物堆积成有海生动物化石的岩层。后来，海水退落，于是陆生动物化石出现于由湖泊与河流沉积物构成的另一岩层内。在这一带地区已发现过许多这样的层序。

就在邱维埃的发现轰动法国前后，英国也有类似的发现。1811年，一位木匠的女儿玛丽·安宁在英国南部海岸一个崩倒的悬崖上，发现一副有21尺长的海生爬虫骨骼。威廉·史密斯是位敏锐的地质观察家，当年受雇为英国开凿新运河的工程师兼测量员。他在新挖凿的运河岸上，发现不少岩层，每层都有某一种特定化石遗迹。他察觉由化石断定出来的岩层，似乎是以同一次序分布在全球各地的。史密斯绘制了一幅英国地图，表明"即使距离甚远，同一岩层中总找得到同类的化石"。

由于邱维埃和史密斯的观察报告，地质学发展成一门真正科学。当时虽然其他科学家多半肯承认化石是真实动物的遗迹，但是几乎没有人认为这些遗迹及其有关系的岩层可以替历史提供明晰记录，用来确定地球历史上大事发生的次序。

1860 年，德国一批工人在巴伐利亚州采掘石灰石矿时，发现一个显著的化石印痕。从来没有人见过类似的东西。这是个像小鸡般大小的动物铸型，有尖锐的牙齿，长长的头，细长的颈部，硕健的后腿，都是爬虫的特征。但铸型上还细致地显示出准不会错的印痕：一翼有羽毛，也有利爪。若是没有留下羽毛的印痕，谁会猜想它有羽毛，这种有爪有齿的动物，是鸟还是爬虫？

稍后，又发现这种动物的另外两个铸型。这些类似鸟的爬虫，可能在远古时代掉进淹没这个地区的珊瑚泻湖里，埋在细小海贝所形成的沉积物内。由于细小海洋生物体的骨骼聚集在爬虫鸟的遗体上面，爬虫鸟便获得保存，铸出清晰的形貌。后来，海底沉积物的软泥硬化为石灰石，这个铸型就这样保存了至少 1.35 亿年，而那个泻湖早已干涸了。

这种史前的空中生物，称为始祖鸟。我们现在知道，它可能是演化成近代鸟类的最早的鸟类之一。

继始祖鸟之后，又发现了许多化石，每次都扩展了人类对地球过去历史的眼界。地势平滑的石灰质泻湖床和远古浅滩干涸了的滩底，现出早期爬行

生物体型和涉水生物体型爬行的痕迹，有时甚至留下脚印。化石采集人在早已隆起了的孤独岩床上，无意中发现了亿万年前昆虫留下的曲折而凌乱的抓痕。这里有一只小蟹的行迹，或许远比人类的历史长久；那里又有已绝种鸟类的脚印，完好地铸在坚硬不碎的石头里。其他岩石中，还保存着早已灭绝的恐龙的足迹。

例如，多佛和英伦海峡沿岸的白垩峭壁地方，成千上万英尺厚的石灰石床其实是化石坟墓。这种沉积是由含有丰富钙质的骨骼和细小海洋生物体的贝壳，

在海洋中积累了亿万年而形成的。有些贝壳，好像达尔文在安第斯山脉采集到的，在白垩中保存得完整无缺。绝大多数贝壳已起了物理变化，成为白垩。贝壳、骨骼或植物组织的原本结构，有时被水中沉淀出来的矿物质取代，形成石化了的遗体。因此一般公认，海底和大陆上的沉积岩是过去的庞大墓地。

直到最近，科学家才了解海洋底下的史料有什么用处。十多年来，海洋学家一直在钻探海洋沉积物及其底下的岩石。特种探测船"格罗麦挑战号"的钻机，已深降到水面下1.5千米，钻到沉积物上端，再深钻入沉积层。研究人员已经向下钻探1.74千米，采回钻探岩芯。这些管状岩芯包括许多层沉积物质，其横断面说明海底的历史：经历过炎热和冰冷两个时期，还从洋底山岭逐渐向外移动等。此外，在几个相当长的时期中，海底有生物演化过程的记录。在陆地上，这种记录很罕见，原因是风的破坏与水的侵蚀，剥去了积聚的土壤与岩层。

多少年来，岩石里发现的记录始终找不到早期人类的证据。邱维埃认为，将来会证实没有化石人之类的东西，达尔文也无法引证从类人猿演化到人类那个阶段的化石。但到1868年，在德国尼安德谷发现一个人的头盖骨化石，额凸而低，还有较现代人远为原始的其他特征。有些权威学者坚持说，尼安德的头盖骨只是"真人"（又称现代人）中的一个畸形人。达尔文的友人博物学家赫胥黎说，不能把德国的尼安德特尔人视作人类演化过程的中间类型。他倒认为，尼安德特尔人虽然类型特别，但已是高等的人类。不过赫胥黎确实提出一个问题：在一些较古老的岩层中，未来的古生物学家会不会无法找到一些比当时已知的遗骸更似人类的类人猿骨骼化石，或更似类人猿的人类骨骼化石？

1887年，荷兰青年医生杜波在爪哇岛（当时为荷属东印度），发掘出他称为"直立猿人"的骨骼化石。此后就以爪哇猿人为名。爪哇猿人头盖骨扁平，外形颇似类人猿。但从大腿骨形状可知，他已经如人类一样直立走路。

杜波宣称发现人类早期祖先，激起极大公愤。许多人无法相信，现代人可能就是那种原始人的后裔。但是发现爪哇猿人后不久，在北京附近周口店的一个洞穴里，又发现类似的一个头盖骨化石，称为北京猿人。在亚洲相隔这么遥远的地方所发现的两项证据，说明比现代人原始的一种人类，曾一度散布亚洲大部分地方。

1924年，南非维瓦特斯蓝德大学解剖学教授达特断定，唐格镇石灰石矿场发现的化石，是个6岁孩子的头盖骨，脑壳跟幼类人猿的一般大小，但是显然有其他属于人类的特征。过了20年，另一位南非古生物学家布鲁姆才采集到大量同类的成人头盖骨，足以证实这些早期生物不是有点异常的黑猩猩，而是与人类关系更为密切的较高等的灵长类动物，只是脑壳体形较小。这种动物称为"南方古猿"。使用钾—

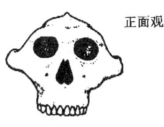

正面观

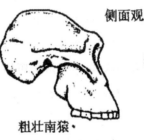
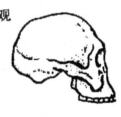

侧面观

粗壮南猿· 纤细南猿

氩放射测定年代法，发现若干南方古猿遗骸有250万年之久。

在中非洲一带地区，新近发现一些早期猿人，距今已有375万年。从前认为南方古猿是人类的祖先，但现在看来南方古猿与早期猿人是同时生存的。新发现把人类世系追溯到300多万年前。

非洲那几个早期猿人到底是怎么死的，没有人确实知道。在埃塞俄比亚阿法沙漠地区冲沟里发现的少女遗骸，可能死于一种恶性病。在肯亚图卡纳湖附近发现的成人遗骸，可能死于一次意外。从坦桑尼亚莱托利火山灰层下面掘出来的成人和孩子骸骨，是死于炽热的熔岩流还是死后才被火山灰掩埋的，则无法确定。

这些人的死因，我们所知甚少，因为他们死于380万到200万年前。可是，在1972—1975年发现了他们留下的部分骸骨，却成了世界各地报纸的头条新闻，

因为到现在为止那是我们所发现的最古老的猿人遗骸。这种古老得令人难以相信的动物，无疑就是我们的祖先。

这些划时代的发现，加上几年前另一些发现，几乎把30年前公认具有科学根据的人类起源理论全部推翻。关于这些发现有一点值得注意，就是绝大部分发现都由一家人包办。大家都把这个不平凡的一家叫做"幸运的李基家族"。

人类学家根据19世纪末和20世纪初，先后在爪哇岛和中国周口店发现的头盖骨推断，当时认为人类最早的直系祖先是"直立猿人"，大约100万年前首先在东亚出现，随后逐渐向西移徙，到达欧洲和北非沿海地带，慢慢进化成粗野的尼安德特尔人。后来大约4万年前，我们自己的种类"现代人"神秘地在地球上出现，遂在欧洲和世界其他各地繁衍。人类学家说，撒哈拉沙漠以南的非洲地区与这部分人类进化的戏剧毫无关系，因为那个地区在地理上是个死胡同，史前较晚时期人类才移徙到那里。

1924年，首次发现跟这个说法不一致的证据。那年对历史素有兴趣的南非解剖学教授达特，把在南非好望角省唐格镇所发现的一块动物头盖骨鉴定为猿人，命名为"非洲南方古猿"。随后在别的地方又发现一些化石，有些人类学家因此认为至少有两种南方古猿同时生存：一种是达特鉴定的骨骼细长的动物；一种是稍后发现的骨骼较粗重的变种，叫做"粗壮南方古猿"。人类学家断定，这些猿人生存于200万年前。达特断言非洲南方古猿是人类出现之前那个时期的一种动物，属于尚在过渡时期的人猿。有十几年，专家拒绝接受这个说法。他们认为南方古猿是较晚期出现后来绝了种的灵长目动物，与人类无关。

但1959年，人类学家李基的妻子玛利，也是科学家，在坦桑尼亚奥尔杜维峡谷找到一个更大更粗壮的南方古猿的头盖骨。这块头盖骨所在的地层，刚好在一层火山灰上面，用钾氩断定年代法测出这层火山灰已有180万年之久，几乎与达特的非洲南方古猿的假定年代相同。

不到两年后，李基的长子乔纳森发现了一些更高等猿人的头盖骨和肢骨。这是一连串发现的第一批，这种猿人的脑壳容积平均为650立方厘米（现代人的脑壳容积平均为1400立方厘米）。

李基家人因为在那一地层还发现粗糙石刀、石斧和简陋的栖身所，所以给这种动物定名为"巧人"，不过目前有些人类学家还是把这种猿人暂列为高等的南方古猿。

1972 年，李基的次子李察率领的化石搜寻队中，有一名队员在肯尼亚的图卡纳湖畔掘出一块头盖骨的碎片。碎片所在的地层，经测定距今已有 200 多万年。由这些碎片所拼成的头盖骨，叫做"一四七〇"，因为它在肯尼亚国家博物院的目录中编为 1470 号。

1470 号头盖骨拼好以后，头形极似现代人的头。有这种头的人似应是巧人晚期的后代，可是他比巧人更古，脑壳也较大，根本没有额峰可言。脑中主管言语的部位较大，可以想象当时已发展了初步语言。

在发现 1470 同一地区掘出的腿骨，形状也极似现代人的，但不知道这些腿骨和那块头盖骨是不是同一个人的遗骨。

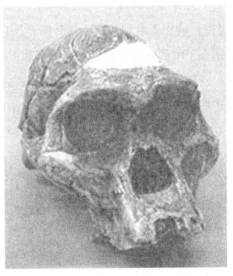

后来，李察那队人员又找到一个距今已有 150 万年的直立猿人的头盖骨，据推测是"一四七〇"的后代。他很像北京猿人，只是脑部略小而年代古老得多。他不是在中国而是在非洲演化而来的，还与南方古猿曾经同时共存。

有了这些发现，人类在地球上出现的年代显然要比过去设想的早 100 万年，大概是在非洲出现，可能有三四种人和近似人的动物在同一地区同时生存。

1947 年，克里夫兰博物史馆的美国人类学家约翰森和法国地质学家泰伊比，也参加了追查人类进化史的工作。他们在非洲阿法三角地带，掘出了一副 300 万年前女猿人的骨骼。这个女猿人身高约 1 米，死时约 19 岁，现在命名为"露西"。从解剖学来看，露西在动物学上既不能列为"人属"，又不是南方古猿，可能是另一种人猿的后裔。

1975 年，玛利·李基在坦桑尼亚莱托利的火山灰中，掘出了迄今所知最古老猿人的牙齿和颌骨，经测定距今已有 375 万年。一副是成人的，另一副是约 5

岁孩子的。从形状上观察，他们可能是约翰森找到的"露西"和李察·李基找到的"一四七〇"的祖先。这样一来，人类的祖先竟可追溯到 300 多万年前，古人类学这门科学又向前迈进了一大步。

心脏衰弱和体力不济的人，不能从事搜寻猿人化石的工作。一旦找到骨骼化石，就须用牙科用的剔牙工具和刷子，十分小心地把化石剔出来，这是非常辛苦的工作，要在非洲灼热太阳下弯着腰一连工作好几小时或许多天（挖掘"露西"共用了 1000 个工时）；然后把附近泥土用金属丝网筛筛过，看看有无其他碎片；最后把碎片拼合。这种工作很像玩立体拼图游戏，只不过大部分碎片已经遗失，而且没有完成图可供参考。

为什么要费那么大的力气去寻找几块碎骨呢？"那种迫切要求就跟驱策《根》的作者哈利花费十年时间寻找自己祖先的来源一样。"约翰森回答，"区别在于哈利要寻找自己家庭的根源，我们却要寻找人类的根源。"

权威人士说，化石记录里缺漏之处仍然太多，因此无法把人类进化的过程连贯起来。可是，许多人类学家列举从东非到巴基斯坦分散得那么广的地区所发掘到的化石骸骨，提出一种理论说，早期猿人远祖是一种住在树上的灵长类动物，叫做拉玛猿（因印度拉玛神而得名），生存于 1400 万年到 900 万年以前。在这以后的 500 万年没有资料可考，情况不明。不过，在这段时期里，非洲的森林逐渐缩减，拉玛猿的后代有些离开森林，住在草原和空旷地方。由于他们在平地上需要看得见较远地方，所以可能不再用四条腿而改用两条腿站立，这就腾出了两只手来做别的事。他们个子小，没有利爪锐齿，碰到食肉猛兽来袭，没有树木可供逃避，于是学会用棍棒石头自卫和捕杀小猎物。他们的脑部渐大，智力也渐增。

据这个理论说，大约五六百万年前，猿人分成了几支，其中一支进化为人属动物（真人），其余的进化为南方古猿（近似人）。真人和近似人同时在同一地区生存，至少有 100 万年。不过，由于现在还不知道原因，南方古猿终于无法生存下来。最后一种南方古猿，大约在 100 万年前慢慢绝了种。

这期间，那支人属动物进化得很快。200 万年前"一四七〇"型猿人的头形仍然非常原始，但脑壳的容积已达 800 立方厘米，体型已差不多是近代人的体型了。

高额骨、大脑袋（约 1000 立方厘米）、比别的猿人高半英尺的直立猿人后裔，在 150 多万年前出现，到达爪哇时，至少也在 100 万年之前，过了二三十万年才到达华北，大约在公元前 30 万年到达欧洲和英格兰。在北京猿人遗骸附近曾发现熏黑的炉灶和烧焦的骨骸，证明他们在那里生活的那段漫长岁月中已学会用火。

尼安德特尔人就是在 25 万到 10 万年前从这个人种进化而来的。他们的脑壳已经跟我们的一般大，有的还要大些。他们制造了各种各样精巧的石器用具，有些还有又直又锋利的刃。他们恭敬地埋葬死者，表示已经有了来世的信念。由于永生不朽这类抽象观念是难以用咕噜声和手势传达的，所以可以推想他们大概能够说话。

这场人类进化剧中最后的一个角色，是我们本身所属的一种，叫做"现代智慧人"。我们最早的祖先，似乎在公元前 4 万年突然在地球上出现。许多人类学家认为，现代智慧人是从尼安德特尔人进化而来的。他们拿在以色列卡梅山上发现的 7 万到 5 万年以前的头盖骨做证据。就那些头盖骨的形状看来，那种人好像是介乎尼安德特尔人和现代人之间的混合种。另一些专家认为，真人是单独的另外一种，有自己的进化路线，是从直立猿人直接进化而来的。

今天我们所有关于人类进化的知识和学说就是这么多。人类在 400 万年前由人猿进化而来，同时还有几种类似的动物互相竞争生存，但人类战胜它们和其他生物而征服世界，因为人类的脑较大，手较灵敏，用两条腿走路。不过，这些假说可能明天就须修正，或全部被推翻，因为我们说不定在一层沉积物中、在非洲或亚洲什么地方的黑黝黝洞窟中，甚至在从来没想到过会藏有人类根源秘密的地方，又会掘出别的骸骨化石。

地球上的水从哪来

浩瀚无垠的海洋似乎是永远也不会干涸的。但是，海水为什么不会干涸呢？大海里的水为什么总是那么多呢？

据估计，全世界海洋的总水量有13.7亿立方千米。如果把所有的水集中起来做成一个"水球"，这个水球的直径可达1400千米。

茫茫的大海中这么多的水是从哪里来的呢？

一般的说法是，大海中的水归根结底是从它"自身"来的。每年，从海洋的表面有1亿多吨的水蒸气到天空中去，这些水蒸气的绝大部分在大海上空变成云再化为雨，最后又降回大海中，而水蒸气中的一小部分变成雨雪后降落到陆地上，流进江河湖泊，再顺着江河又流回海洋。大海中的水就是这样不断地循环往复，当然就不会有干涸的一天。

那么，大海中的水是从哪里来的呢？

许多学者认为，这些水是地球本身固有的，即海洋中的水是与生俱来的。早在地球形成之初，水就以蒸气的形式存在于炽热的地心中，或者以结构水、结晶水等形式存于地下岩石中。

那时，地表的温度较高，大气层中以气体形式存在的水分也较多。后来，随着地表温度逐渐下降，地球上到处是狂风暴雨、电闪雷鸣，呼啸的浊流通过千川万壑汇集到原始的洼地中，形成了最早的江河湖海。地球在最初的5亿年，火山众多且活动频繁，大量的水蒸气及二氧化碳通过火山口喷发出来，冷却之后便渐渐形成河流、湖泊和海洋，即所谓的"初生水"。

可是，随着火山研究的深入，科学家们发现：火山活动所释放的水并非所谓的"初生水"，而是新近溶入地下的雨水，这无疑是对"地球之水与生俱来"

理论的挑战。

为了寻求地球水的渊源，人们把目光投向了宇宙。

1961年，科学家托维利提出的假说令人耳目一新：地球上的水是太阳风的杰作。太阳风即太阳刮起的风，但它不是流动的空气，而是一种微粒流或带电质子流。

根据托维利的计算，从地球形成至今，地球已从太阳风中吸收了多达17亿亿吨的氢，若把这些氢和地球上的氧结合，就可产生153亿亿吨水。这个数字与现今地球上水的总量145亿亿吨十分接近。但是，有人却提出质疑：若光靠太阳供给而自身没有来源的话，地球不可能维持现有的水量。

那么，地球之水究竟来自何方呢？美国荷衣华大学的天体物理学家路易斯·弗兰克和由他率领的研究小组独辟蹊径，提出一个惊人的新理论：地球上的水既不是来自地心，也不是来自太阳风，而是来自于外太空的冰彗星雨。

该研究小组提出：不仅是地球上的海洋，而且太阳系其他行星和卫星上的水，都有可能来自迄今为止还未观测到的由冰组成的小彗星。1981年，美国发射了一颗观测地球大气物理现象的"动力学探索者1号"卫星。在分析卫星发回地面的数千张观测资料时，细心的弗兰克发现：在橘黄色的卫星图片背景上总有一些黑色的小斑点，或者说是"洞穴"，弗兰克称之为"大气空洞"。这些"洞穴"的直径一般有十多千米，个别的甚至达四五十千米。它们存在的时间很短暂。每个小黑斑都是突然出现，2~3分钟后又消失得无影无踪。

从1981年到1985年，在大约2000小时的观测期里，弗兰克共观测到30 000个类似的黑色斑点。这些小黑斑是什么东西？

在对大气中所有数量充足的分子作具体的分析研究后，科学家们发现：只

有水分子才能吸收频带足够宽的波长而呈现黑色。这使他们确信，卫星照片上的黑斑是由于高层大气中存在着由大量分子聚集而形成的气体水云所造成的。

弗兰克将他们的观测结果同彗星联系起来进行研究后认为，小黑斑现象最有理由的解释是许多小彗星不断地把水从高层注入大气。由大量的冰块及少量尘埃微粒混合而成的彗星，在刚接近地球时，是一个直径约为 20 千米的冰球，然后在地球引力作用下破裂、融化，并被太阳光汽化形成较大的水汽球或是绒毛状的雪，后来化作雨降至地面。还有一部分则进入大气，形成彗星云团。卫星照片上的小黑斑就是这些彗星云团。

不久，在 600 多千米上空，弗兰克又发现了带状发光物，即含水破碎物留下的"尾流"。而这一高度又恰好是此类彗星可能徘徊的地带。这似乎又为弗兰克的观点提供了证据。

这一理论为一些未解之谜提供了解释。例如，偶尔有大量的小彗星倾泻而下，造成地球气候剧变，从而使恐龙及其他一些物种灭绝。小彗星理论还能解释火星上似乎是水作用形成的河道等等迄今无法解释的问题。又如，在 1990 年的一天，一块冰体从天而降，落在中国江苏省无锡梅村乡。根据弗兰克的小彗星理论，我国专家经潜心研究后认为，此冰块就是来自彗星。

"君不见黄河之水天上来，奔流到海不复回。"这是 1200 多年前，唐代大诗人李白充满幻想色彩的吟诵之作。倘若弗兰克的新理论是正确的，那么诗人所言或许就是事实。并且，从天上来的，又岂止黄河之水呢？

针对弗兰克的小彗星理论，美国科学界引发了一场异常激烈的争论。科学家们虽然没有对卫星图像上的那些黑点或带状物表示异议，却不同意弗兰克作出的这些水将全部降落到地球上的解释。

然而不久后，美国弗吉尼亚技术大学和约翰逊航天中心的科学家们联手打开了一块陨石，结果竟在里面发现了少量的盐水水泡！毋庸置疑，这一发现是对弗兰克彗星理论强有力的支持。

据负责这项研究的科学家米切尔·佐伦斯基介绍，这块陨石是 1998 年

坠落在美国得克萨斯莫纳汉斯的两块陨石中的一块，并在发现后 48 小时之内被送到约翰逊航天中心，在一个空气已被过滤的净化室里被打开后，科学家们惊奇地发现陨石里布满奇怪的紫色晶体，化验的结果让人震惊：竟然是盐！进一步分析后，结果令科学家们目瞪口呆：这些神秘的盐晶体里竟然有水！

科学家们因而认定：这些水绝不可能来源于地球，其唯一的来源就是产生陨石的天体或者包含盐分冰体的彗星。

地球之水是从天上来吗？对于小彗星是否为地球带来过大量降水这一论断，科学家们正在不断地观察，不断地试验。

然而我们不应该忘记，地球虽然多水，却是一个缺水的星球。我们固然知道，地球上有大约 14.5 亿立方千米的水，每一平方千米为 10 亿立方米，这是一个大得惊人的数量。我们也固然知道，如果把这些水全部均匀地铺在地球表面上，地球的平均水深可达到 2800 米，地球真可称作是"水球"。但是我们仍然说地球是个缺水的星球，这是为什么呢？

因为地球上绝大部分的水是不适合人类使用的，海洋虽然是个巨大的天然水库，约占地球总水量的 94%，但因海水含盐太高（每公升含盐量 35 克），故不能为人类直接利用。

在人类居住的陆地上约有 2800 多万立方千米的淡水，约占地球总水量的 2%。在这些陆地水中，有冰川 2400 万立方千米，又占地球淡水总量的 85%。由于冰川在自然界的特殊地位，开发起来十分艰巨。陆上比较容易开发利用的淡水资源是地下水、淡水湖泊、土壤水和河流，共有 400 多万立方千米，只占地球总水量的千分之三。而且由于这些水在地区上的分布很不均匀，所以很多国家的水资源十分贫乏。越来越多的人类和越来越严重的生态环境的破坏，使地球面临缺水的挑战。

地球上那些神秘事件

生物突然大灭绝

2.5 亿年前，地球上绝大多数物种在一段相对较短的时间内灭绝，成为我们这个星球史上独一无二的一个物种灭绝时期。长久以来，科学家一直在寻找背后的原因。《科学》杂志揭示出这次大灭绝不是逐渐消灭，而是一次突然爆发的灾难性事件。

据介绍，由于地层化石记录的缺乏，2.5 亿年前生物大灭绝的原因曾被认为是长期海平面下降引起持续性环境恶化，导致生物加速消亡。20 世纪 70—80 年代，中国华南地区连续发现记录这一特大生物灭绝过程的地层，一些中外专家根据对这些地层化石的观察分析，提

出了 2~3 次分期灭绝的观点。近几年，金玉升等科研人员应用现代科技手段，对古生代与中生代分界的国际标准地层——浙江省长兴县煤山剖面丰富的古生物资料进行严密的科学研究分析，首次提出 2.5 亿年前的生物大灭绝是一次爆

发性的灾难事件。

那次物种大灭绝发生在2.5亿年前，也就是所谓的"二叠纪至三叠纪大灭绝"，因为它发生在地理上二叠纪时期的末代和三叠纪时期的开始。当时，地球上90%以上的海洋动植物以及70%的陆地物种惨遭灭绝。大灭绝标志了地球上第一次生命蓬勃发展时代的结束，同时，它又宣告了爬行动物兴盛时代的开始。但大灭绝背后的"凶手"到底是谁？

像警察调查一样，科学家们希望通过重建大灭绝时的详细场景，包括它发生的时间和形式，来全力以赴找到灭绝的原因。近期，《科学》杂志公布了研究结果，这次大灭绝可能是在50万年或是更短的时间内发生的。

《科学》杂志的研究员还公布了其他惊人的线索，包括从灭绝时期岩石层里发现的一些细小的金属球，这些线索有助于搞清真相，大大缩小了科学家们查找原因的范围。

科学研究者们，包括来自南京的中国科学家和美国华盛顿的科学家，在中国浙江长兴县煤山对"二叠纪《叠纪大灭绝》"进行了研究。之所以在煤山进行研究，是因为那里有一系列的岩石层横跨这两个地理时期。

科学家们的分析指出，他们研究的大多数物种大约在2.51亿年前从化石记录中消失，是在二叠纪至三叠纪交界时的岩层中。这些岩层表明，二叠纪至三叠纪交界时期之前，33%的物种灭绝，而在交界时，物种灭绝率高达94%。这种令人惊异的灭绝率的上升是突然出现的，是在仅仅50万年内发生的。

科学家们认为，大灭绝是单独的、突然出现的，而不是几个一连串更小形式的灭绝。大多数物种在大约2.51亿年前灭绝，随后，少量的幸存生物在后来的100万年中也消失了。

科学家推断，这次生物大灭绝，很可能是受超大规模火山喷发、地外物体撞击等突发性因素的驱动。这与6500万年前恐龙灭绝事件有很多相似之处。

当大多数研究者们还在调查大灭绝的神秘原因时，一些科学家的兴趣已经转移到这之后发生的事情上去了，就是后来的生物大复兴。

他们想用大灭绝找到的信息来搞清楚这场大灾难之后，生命是如何重新兴盛起来的，从而探索出那些幸存下来的动植物的本质和生命反弹的时间和形式。

他们认为，了解大灭绝之后再复兴的原因，对于了解生命的历史来说可能比了解灾难本身更重要。

他们说："生命从最初形态发展进化到今天，物种大灭绝是一种最基本的变化。今天的生物，都是在那些 2.5 亿年前灭绝的那些生物之上发展起来的。"

地球突然变冷

根据一种生活在海洋中的硅质浮游生物——放射虫留下的"蛛丝马迹"，我国科学家研究证实，90 万年前地球气候确实存在突然变冷的"中更新世革命"。

20 世纪 90 年代初，德国科学家根据赤道太平洋海底沉积物中有孔虫氧同位素的记录，认为地球气候在 90 万年前突然变冷，并将这一事件称为"中更新世革命"。由于这一观点与传统的地球气候理论测算值并不吻合，因此在国际上一直存有争议。

我国科学家用了 5 年时间，对中国南海南部海底沉积物中放射虫的记录进行了深入分析研究，结果发现，90 万年前后放射虫的种类、数量均有很大不同。90 万年以来，海洋中的放射虫数量大增，放射虫的种类也从热带组合占优势转变成亚热带组合占优势。

长期从事这一课题研究的同济大学海洋地质教育部重点实验室副教授王汝建解释说，这证明 90 万年前全球气候突然变冷，季风加强，引起海洋的上升流将海底的营养带到了表层，从而使放射虫数量急剧增加。

5 亿年前就已经在海洋中生存的放射虫，对外界气候反应极为灵敏，由于其主要成分是硅质，容易保存在海底沉积物中，因此千百万年来，这种五颜六色呈放射状、肉眼几乎难以辨别的美丽小虫不断死亡，不断沉积下来，忠实地记录了地球气候每一个阶段的变化。

权威专家指出，放射虫的研究首次印证了中国南海南部同样也存在"中更新世革命"，这对研究中国南海的古气候及季风的演变具有重要价值。

北极冰与大海

在过去的20多年里，阿拉斯加、西伯利亚以及加拿大部分地区的平均气温，每年都有4℃升幅，与1980年相比，海洋冰层的厚度减少了40%，冰层的覆盖面积减少了6%。这些地区的永冻层正在失去"永冻"的意义，由此，人们怀疑北极冰将融入大海。

2000年8月，美国海洋地理学家麦卡锡声称北极出现了5千万年未见的景象：通常在夏季厚达3米的极点冰盖化作了一汪海水。他在随一个旅游团乘俄国破冰船前往北极时，发现本来覆盖着极点的厚厚冰层变为宽约1千米的海面。

他说，这与6年前的北极完全不同。当时，他随一队游客乘俄国破冰船前往北极，他们搭乘的破冰船必须破开2～3米厚的冰层才能到达极点。而这次，破冰船在向极点进发时沿途的冰层稀薄，到了极点更是无冰可破。

按照科学界的共识，最近一次极点出现海水的景象是在5千万年前。最近数十年来，北极的冰层正在逐年变薄。

与此同时，俄罗斯海洋学家也指出，由于地球变暖，俄罗斯极北地区的永久冻土带受到了北冰洋的侵蚀，这导致北冰洋正不断向陆地推进。

来自俄罗斯符拉迪沃斯托克和莫斯科的海洋学家组成的考察组，乘坐"尼古拉·科洛米采夫号"水文地理船对俄极北地区进行了较为全面的考察。考察队队长谢米列托夫在接受俄通社-塔斯社记者采访时说，由于极北地区永久冻土带不断消融，近1万年来一些岛屿已被北冰洋的浪涛侵蚀而消失。据估计，由

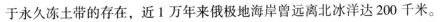

于永久冻土带的存在，近 1 万年来俄极地海岸曾远离北冰洋达 200 千米。

谢米列托夫指出，永久冻土带在消融过程中，会散发出二氧化碳和甲烷进入大气，从而可能间接破坏地球大气的臭氧层而加速臭氧层空洞的形成。因此，地球变暖对北极地区水文地理造成的影响应引起人们的重视。

另外，对于在俄罗斯破冰船"雅摩号"上的旅游者和导游来说，这也是一个令人惊讶的景观。当到达北极时，他们看到在一望无际的冰层中，有一个 1.5 千米宽的"大洞"。在船上的一名海洋学家詹姆斯·马卡西对美国《时代周刊》说："这简直令人不敢想象。"在纽约一家自然历史博物馆工作的学者说："我不知道在历史上是否有人在北纬 90° 见过水。"

这一发现说明全球的气候正在变暖，这种说法对吗？气象学家回答说："这种推测是没有必要的。"他们说："我们应该感谢由于极地冰层气温升高和断裂形成的大风，尤其是在夏季炎热的月份。"美国航空署下属的航空飞行中心的官员说："他们的卫星长期对极地冰层进行监测。"他们说："实际上，这种情况已经发生过多次，几乎每年都有。"另一位北极观测者解释说："有时候，这种开裂的大洞有 160 千米长。"

尽管如此，科学家们并不否认其他一些北极正在变暖的迹象。但这次发现的冰层断裂仅仅发生在极地地区，并不意味着极地正在融化。

后来，在加拿大曼蒂托巴省胡德森·贝地区经营极地探险旅游的旅行社修改了他们的宣传手册。因为在过去的手册里，他们建议游客去查奇尔地区观看蓝鲸的时间是在 6 月中旬。这时候，蓝鲸随着春季冰层的解冻游往查奇尔河的出海口。但是，在新的宣传手册中，由于解冻时间的提前，他们建议游客去该地参观的时间已经变成了 5 月初。

同样，胡德森·贝地区在秋天的结冰时间也比以往向后推迟了 2 个星期，这一变化使当地的一些野生动物"不知所措"。据称，在这个阶段，北极熊通常是从它的夏天巢穴出来后经过查奇尔向北前往冰冻地区。但是现在，当北极熊按照原来的时间走到原本已经是结冰的区域时，却发现前面仍然是大片的海水。由于不能前行，这些北极熊不得不饿着肚子调头走向附近的小镇。为了避免北极熊与小镇上的居民发生"冲突"，当地自然资源机构的人员用麻醉枪把它打倒，并把它关在一个特制的金属笼内，送往小镇以北 16 千米的地区。从 70 年代起，由于结冰时间的推迟，当地自然资源机构的人员经常在镇上和附近捕获到找不到方向的北极熊，其总数超过了 100 头。

不仅如此，当地的人们也感觉到了气温的升高。在阿拉斯加，永冻层的融化造成了许多起伏不平的"滑板路"，输电线路也歪七扭八，一些房屋开始慢慢下沉。在广阔的原野中，气温升高的迹象更加明显，很多地方出现了湿地、池塘和草地，在驯鹿离开时，麋鹿又来了。在加拿大西北部，当地居民习惯于在永冻层挖地窖来储藏食物。但是，气温的升高对他们这种传统的生活方式构成了威胁。加拿大北部地区的永冻层使沿海地区的土质坚硬，但是，气温的升高影响了土质，很多在海岸线上的村落因为土质变软崩塌不得不迁往其他地区。由于冰层离海岸线越来越远，捕猎者发现猎物常常跑到他们的船只到不了的地方。

北极可以说是地球自身的一个气温自动调节器，回归线和极地之间的气温差异左右着全球的气候系统。在回归线区域聚集的多余热气流基本上是在极地散尽的。其中，有一半是通过被称之为"海洋输送带"，相当于100条亚马孙河的深水洋流送往极地消耗掉。剩余的热气流作为风暴的能量从回归线区域带到北极。如果极地气温上升的速度继续比回归线区域快的话，目前这种气温循环的调节系统就将被破坏，继而改变大风、洋流和降雨的模式。如此所造成的影响之一就是：如果降雨变得不稳定和无法预测的话，那么，美国和加拿大的农作物将会受严重影响。目前穿越北半球、来势凶猛，并且无法预测的风暴也许就已经预示了全球气候系统的变化。

甚至一些更大的气候变化也会随之发生。越来越多的科学家担心，这种气温变暖的趋势将严重破坏洋流循环的模式。从而造成"温暖"北半球大部分地区的洋流出现间歇性停止。如果这样的话，气温上升的结果反过来会使全球的气温下降，甚至达到寒冷的程度。

如果不及时采取措施，全球气候的巨变将不可避免。只要北极的水表温度再升高几度，海洋冰层将会全部消失。即使只有部分融化，也会对北半球的气候产生影响。届时，冰川的融化和降雨量的增加将会使大量的淡水在北大西洋上形成淡水层，漂浮在海水的上面。而北大西洋的海水通常是比较冷，且在下沉。如果比重较轻的淡水不下沉，就会阻断在关键位置上通过海洋把热量进行循环的垂直环流，这就如同正在运行的传送带被你紧紧抓住，最后慢慢地停下来。

那么，这种情况又怎样使原来温暖的气候转冷的呢？通常来说，"大洋传输带"是被大西洋中大量的由下沉水流造成的阻力推动。所以，一旦这种推动力减少，湾流北部暖流的运动将会慢下来，或者完全停止。这样，就会造成欧洲、北美，或者其他地区的气温下降。

很早以前曾经发生过这种情况。在1.2万年以前的冰期时代，升高的气温融化了圣劳伦斯河的冰川，并流到了北大西洋，造成了洋流停止运行。从而使欧洲陷入了1300年的严寒期。越来越多的科学家担心海洋冰层的继续融化会使历史重演。

这种大灾难的结果也许是人类自作自受。很多科学家都认为气温变暖与人

类不断增加废气排放量有很大的关系。

在 21 世纪要想避免气温的变化，无论是升高还是降低，也许都不太可能了。尽管地球的自身调节系统在发生这些变化时会起到一些补救作用。但是，可能性比较大的是，这种气温的变化会促使我们无论如何要尽快改变目前全球矿物原料的废气排放问题。如果我们把这一问题解决了，人类将会在各方面受益，而对目前面临的气候问题也大有好处。

地球的命运归宿

地球会被撞上吗？提起这个问题，相信许多人都会觉得头皮凉飕飕的。西方一些科幻小说或电影中，早就出现过这样的场景：一个巨大、闪亮的火团自太空飞来，它以迅雷不及掩耳之势冲向地球——刹那间，火光烟雾中，大地震颤，海水咆哮，一座座城市坍塌，人们惊慌失措，四散奔逃……不过，也有更多的人对这些"过于丰富"的想象不加理会。不是吗，"杞人"因为"忧天"，已经成了千古笑柄。

实际上，地球每天都被太空里的不速之客"撞上"，只不过这些流星的碎屑、陨石微不足道，无伤大雅。至于灾难性的乃至完全毁灭性的"大碰撞"，也并非超乎现实的想象。一旦发生，它所释放的能量足以摧毁地球文明。

茫茫太空中，各种天体来回运行穿梭。总的来说，各种星体的运行都有一定的轨迹，大家"井水不犯河水"。但是，偌大宇宙太空，也绝非秩序井然。天体运行中的"交通事故"经常发生。一些天文学家指出，对地球威胁最大的是彗星和小行星。彗星主要在太阳系的外部边缘上游荡，但它们的轨道常常急剧地倾向地球的轨道。这种情形就像双向高速公路行车，反方向的车辆不断迎面而过，也不断有人从旁边的快车道超车。不过彗星的物质构成比较稀薄，与其相比，太阳系小行星对地球人类的威胁要大得多。它们主要集中在火星与木星轨道之间的广阔地带（小行星带），和太阳的平均距离为 2.8 个天文单位。小行星带属于太阳系里的"是非之地"，其中的小行星们常常互相碰撞；结果是一些遭到"排挤"的小行星或者向外运动逸出太阳系，或者"慌不择路"地向内运动靠近类地的石质行星，与金星、地—月系统、火星相撞，甚至"犯上作乱"地冲撞"掌门人"——太阳。

　　还有许多小行星不在主环带（即小行星带）中而在地球附近，它们与太阳的平均距离和地球差不多，被称为近地小行星。长期以来人类一直警觉地监视这些可能"图谋不轨"的邻居，并为它们建立档案。近地小行星可分为阿莫尔型（Amor）、阿波罗型（Apollo）和阿顿型（Aten）。阿莫尔型（国际编号1221号）小行星已发现90多颗，直径最大的38千米，平均约10亿年有一颗碰撞地球；阿波罗型（国际编号1862号）已知不到100颗，直径最大为8千米，估计总数超过1000多颗，平均约每3亿年有一颗会碰撞地球；阿顿型（国际编号2062号）已发现10颗，估计总数约百颗，直径从几十米到2千米，平均约1亿年有一颗会撞向地球，被人类认为是最危险的天体。

　　天文学家认为，近地小行星中直径小于数十米的一般不会对地球构成威胁，因为它们极少能穿透大气层，往往在与大气摩擦时产生巨大热量而燃烧殆尽。可对地球构成威胁的是直径大约100米及100米以上的小行星。专家认为直径1千米以上的中等小行星对地球的威胁最大，这样的小行星不仅数量比较多，而且它们撞击地球的机会也相对比较大。情况如果发生，可能导致世界上1/4的人口死亡，同时会释放出极其巨大的能量。假定一颗密度为每立方厘米3克、平均速度为每秒20千米、直径1千米的小行星撞上地球，它所造成的冲击相当于数十亿吨黄色炸药的爆炸力，为1945年在广岛上空爆炸的原子弹释放能量的几百万倍。

　　事实上从诞生伊始，地球便在漫长的年代里不断受到撞击。说起来人类应感谢这些小行星和彗星，因为正是它们给地球带来水或其他生命出现所需的有机物质。天文学家认为，大约45亿年前，太阳系从一团旋转的气体和尘埃云中诞生。各种星子、岩石等物质凝聚融合为行星，地球也是其中一颗。由于岩石在互相碰撞中释放出巨大的能量，地球起初热度很高，是一个熔融的球体，表面的水、二氧化碳、氨、甲烷等挥发性的物质都沸腾逸散了。随着岩石轰击的逐渐减弱，地球慢慢冷却下来，地壳凝结成固体。这时来自太阳系边缘的寒冷的彗星，携带着水等有机物质来到地球，生命进化由此拉开了序幕。在对地球上分布最广泛的气态有机分子——多环芳香烃（PAH）研究之后，美国研究人员提出："在我们行星历史早期的某一时刻，包含着这些分子的冰状颗粒可能被裹入彗星或流星内部，并被运送到地球上。"它们或许进化为更加复杂的分子，从而在地球上播下了生命的种子。

由此我们应当感谢这些不速之客。当然，它们的光临并非总给地球带来幸运。古生物学家认为，在地球进化史上几次 50% 以上的物种灭绝事件，都是由于小行星或彗星撞击地球造成的。如 5.05 亿年前和 4.38 亿年前海洋生物的灭绝，3.6 亿年前海洋和陆地有机体的灭绝，以及 6500 万年前统治地球 1 亿多年的恐龙的灭绝。特别是恐龙的灭绝，一直以来最为人们关注。科学家们曾提出过种种假设，近来有越来越多的研究人员认为，这种庞然大物的灭绝是小行星撞击造成的。他们描绘了当时的图景：一个巨大的火球撞入地壳中，引发了全球性的地震和海啸。尘埃遮天蔽日，黑暗持续了几个月；接着酸雨开始落下，地球表面形成了厚达几厘米的沉积物。撞击之后，地球气温急剧下降，经过几个世纪又缓慢上升；正是在这个时期，恐龙消失了，地球上 3/4 的物种也消失了……

如果说上述撞击事件因距离我们太远，只能凭推测和想象，那么发生在 20 世纪初的许多事件，则让我们真切地感到它的威力和可怕。1908 年 6 月 30 日凌晨，一个来自太空的火球拖着长达 800 千米的尾巴在距贝加尔湖西北 800 千米的通古斯河谷上空爆炸。强烈的冲击波击倒了大片的森林，酿成一场冲天大火，浓烟滚滚，积聚成的黑云许久不散。爆炸声甚至传到了遥远的伦敦。后来人们发现在爆炸中心出现了一个巨大的"坑"，周围 3000 米的范围内形成了 200 多个直径 1~50 米的洞穴，30~60 千米范围内的树木全部倒下，树根齐刷刷地冲着爆炸中心。大约 1500 只驯鹿死于大火，所幸没有人员死亡。这一事件被称为"通古斯事件"。由于在现场没有找到陨石碎片，几十年来，科学家们一直在苦苦探索。最近有一种解释为越来越多的人接受：一颗直径 30 米的石质小行星以 15 千米/秒的速度从东北方向以 30 度角进入大气层，向地球冲去，冲击波的震荡和压力使小行星化解，当辐射能达到临界值时发生了爆炸，威力相当于 1000 多万吨 TNT 能量。让人庆幸的是，它发生在荒凉的西伯利亚地区，而不是一个人口稠密地。它虽然当时没有直接造成人员死亡，但使周围牧民受到了辐射。在他们及其后代身上，后来出现了许多怪病，像广岛原子弹事件的受害者那样。

天文学家发现在不到百年的时间里，已发生过许多次近地小行星与地球近距离"照面"的情形，真是"险象环生"。1932 年，最早发现的阿莫尔型小行星离

地球最近时只有2200万千米，令天文学家吃惊不小。1989年，由于新闻报道的失误，在"1989FC"小行星远离地球半年之后，曾引起一场轰动世界的"小行星可能撞击地球"的风波。1991年1月18日，人们发现"1991BA"小行星在离地球仅17万千米处飞掠而过，这个距离只是月球到地球距离的一半，当时堪称"近地之冠"。"1997BR"是中国天文学家发现的第一颗近地小行星，其运行轨道与地球轨道相切，最近距离小于7.5万千米。像这样与地球轨道相切的近地小行星，是已知对地球潜在威胁最大的小行星。2000年12月底，一颗直径46米的小行星在距离地球80万千米处，从伦敦"上空"飞过，惊得不少人直冒冷汗——如果它撞上地球，会撞出一个1.2千米宽的大坑，后果不堪设想。据科学家预测，21世纪里，小行星在距离小于300万千米的情况下，与地球"照面"的机会将有7次。近来，英国天文学家已计算出一个有可能接近地球的小行星带的位置。这个小行星带可能会增加灾难性碰撞地球的机会。报告说，在适当的条件下，这些天体可以在任意的轨道上运行，甚至会非常接近地球。

为避免悲剧的发生，我们必须提前探测到潜在的有巨大杀伤力的小行星。为此，世界各国组织了很多对小行星的观测计划。比如美国的"太空监测计划""近地小行星追踪计划"，中国的"施密特CCD小行星计划"等。再者，就是考虑如何拦截小行星或使其偏离原来的危险轨道。人们提出过不少形形色色的方案。方案之一为"蒸发"，即在小行星轨道上引发核爆炸，使其汽化；方案之二是"打击"，有人提出可用一系列适当排列的钨弹打击小行星，或用轻质纤维将数万发乃至数十万发钨弹串在一起形成一个三维网络，打击自投罗网的小行星；方案之三称"转向"，即通过发射拦截火箭或利用核爆炸，改变小行星运动方向。但考虑到由此产生的碎片会对地球造成更大的伤害，有人设想利用太阳能让小行星"光荣妥协"。具体方案是：先在小行星活动区域附近安置一面巨大的凹面镜（由超薄片制成）来搜集太阳能，然后利用第二面镜子将能量（阳光）聚集到小行星上，加热它的某个区域，小行星在受热不均匀的情况下会自动转向。有人提出，干脆从地球上发射超高能激光，直接推动小行星偏离其轨道。

科学技术的飞速发展早已超乎了我们的想象，相信人类能够保护自己。未来终究是美好的！

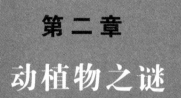

第二章

动植物之谜

海豚用什么聊天

海豚之间是怎样聊天的呢？这个问题一直困扰着科学家，现在，伟大的科学家们终于弄清了组成海豚"语言"的尖叫声和口哨声所代表的意思。据破解"海豚语言"的澳大利亚研究人员介绍，这种语言表明，海豚比我们先前想象的与人类更相似。科学家识别出海豚用于交流发出的差不多 200 种不同的口哨声，并将一些叫声与特殊行为联系起来。

3 年来，新南威尔士南十字星大学鲸研究中心的生物学家霍金斯博士和她的同事一直在澳大利亚西海岸听野生宽吻海豚的叫声。她说："这种交流相当复杂，而且它跟环境有关，所以在某种意义上，它可以被称作一种语言。"

科学家已经知道，海豚用"信号"口哨声来把它们自己和其他海豚区分开，但至于它们发出的其他口哨声代表什么意思则一直是个谜。霍金斯博士录下了生活在新南威尔士拜伦湾的 51 群海豚发出的 1647 次口哨声。在海洋哺乳动物学会在开普敦召开的一次会议上，霍金斯博士介绍了自己的研究。他们把所有的口哨声分成 5 种音调，并发现这 5 种音调甚至连单独的口哨声都明显伴随有不同的行为。

　　研究人员表示，现在要知道口哨声是否可能有某种特殊的含意还为时过早，但海豚之间的交流比我们想象的要复杂得多。他们声称，这项研究将会带来对海豚社交复杂性的

一次重新评估，从而引发那些被关起来的海豚应该得到什么样的对待的道德争论。

能怀孕的雄海马

海马的样子长得非常怪异。它是鱼，用鳃呼吸，用鳍游泳，但是它的样子却一点也不像鱼，倒像是国际象棋的马，所以中外不约而同地称之为海马。只不过这是很微型的"马"，现存 52 种海马，小的不到 3 厘米长，大的也只有 35 厘米长。但是，如果把海马和明显是鱼的尖海龙放在一起，还是很容易看出海马的身体就是以海龙为模板做了改造。化石和分子生物学的证据也都表明海马是从某种海龙进化来的。

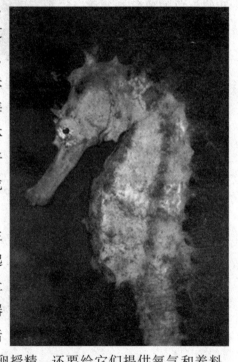

最怪异的还是海马的生育行为。在生育季节开始后，海马成双成对地翩翩起舞，连跳几天求偶舞蹈。然后雌海马的肚皮紧贴雄海马的肚皮，把像阴茎的产卵器插进雄海马肚皮上的育儿袋中，排出卵后就离开了。雄海马不仅要给育儿袋中的卵授精，还要给它们提供氧气和养料。卵和育儿袋的壁结合在一起，后者就像胎盘，有丰富的血管供应氧气和养料。在卵孵化后，小海马还要继续在爸爸的育儿袋中待上一段时间，靠育儿袋分泌的养料为生。在雄海马怀孕期间，雌海马除了每天早晨来探望一次，共舞 6 分钟之外，就不干别的了。大约一个月后，雄海马收缩育儿袋，把小海马排到海中。一旦小海马生产出来，雄海马就不再管它们了，而是马上准备再次怀孕。

整个怀孕过程和哺乳动物很相似，甚至它们的化学基础也有相似之处：都受催乳素的控制。只看这个过程，我们完全可以把怀孕的海马当成是雌性的，如果它们制造的不是比卵小的、会游动的精子的话。

制造卵非常耗费能量。对海马来说，这是负担不起的开支。它们躲在海藻中，几乎不做运动，伸出长嘴吸食漂浮来的小鱼小虾和浮游生物，这种守株待兔式的觅食方式使得它们只能摄入很少的能量，无法制造大量的卵。雌海马少的一次只制造几个卵，多的也不过制造1000多个，这已经让卵的重量占了其体重的1/3了。

所以，海马只能通过提高卵的存活率来增加后代生存的机会。卵子比精子"贵重"得多，也就是说，雌性动物对后代的投资要比雄性大得多，她们更在乎后代的死活，通常也由她们来承担养育的责任。不过，如果雄性能够确信后代是他的，他们也能分担甚至独自承担养育的责任。鱼是体外授精的，先由雌鱼产卵，然后

雄鱼立即授精，在这种情况下，雄鱼可以确信受精卵是自己的，所以有些物种的雄鱼会留下来守在受精卵旁边加以保护。

海马非常弱小，它们保护自己的唯一办法就是伪装躲在海藻中，对天敌没

有任何抵御能力，不可能去保卫卵，那样做等于自杀。对海马来说，保护受精卵的最好办法就是把它们藏在体内，带着它们一起躲起来。怀孕要耗费许多能量。雌海马为了制造卵，已几乎把能量耗尽了，当不成孕妇，雄海马只好承担怀孕的责任。在雄海马怀孕的时候，雌海马开始制造新一批的卵。等雄海马生下小海马，雌海马的卵也成熟了，马上又可以让雄海马怀孕。海马通常会找原配继续生育，它们通过怀孕期间每天的探视培养感情，不用浪费时间去寻找新配偶。一夫一妻制在鱼类中也是非常独特的。所有这些貌似怪异的生育行为，其实都是为了在严酷的条件下既尽可能地多产卵、又尽可能地保证卵的存活，是在特殊的生存环境中为了追求后代利益最大化，在自然选择作用下形成的最"合理"的生存策略。

蝶翅翩翩

蝴蝶之所以受人喜爱，那是因为它有一对十分美丽的翅膀，五光十色，艳丽缤纷，简直就是一件艺术品。它那美丽的翅膀是怎么形成的呢？原来蝴蝶属鳞翅目昆虫，它的翅膀上有一层粉末，也就是鳞片。蝴蝶翅膀的颜色是由色素色和构造色组成，与变化多端的鳞片相结合，在光线的作用下，便构成了五颜六色的斑纹。

由于色素色和构造色的结构不同，便构成了不同的颜色，因此也就分出了不同的蝴蝶种类。也就是说，同一类蝴蝶，其花纹是一样的。但是，在蝴蝶的世界中，有的极为奇特，其翅膀颜色十分鲜艳，而且上面还有奇怪的数字、字母等图案。比如在我国的辽宁千山就有一种蝴蝶，身上的花纹呈现明显的"C"字，人们便给它起名叫"C"蝴蝶。还有双翅像凤凰尾巴的碧凤蝶，翅膀像豹的斑纹的豹纹蝶。

收集奇特蝴蝶最有名的，要数美国自然博物馆的福斯特了。一次偶然的机会，他在一只蝴蝶的翅膀上发现了"书写"规整的英文字母"F"，由此他迷上了奇特蝴蝶标本的收藏。在他收藏的蝴蝶标本中，上面有奇特"符号"的很多，既有标准的阿拉伯数字1，2，3，4，5，6，7，8，9，0，也有26个英文字母。更让人惊奇的是还有问号、感叹号、逗号、物理学符号和数学符号，甚至还有像人脸的、猫眼的、仙人掌的、贝壳的、鱼的、蜘蛛的、虎皮的等。

这些千奇百怪的蝴蝶翅膀，难道仅仅是大自然的巧合吗？这是一道留给人们的难题。

老鼠的梦中奇谜

美国《神经杂志》披露，美国马萨诸塞州技术学院的研究家宣布，他们已成功地进入了老鼠梦境，并发现老鼠在梦中也正在拼命动脑筋，试图通过它们白天在实验里困在其中的迷宫。动物会做梦这不是新发现，许多宠畜主人早已知晓并有切身体会。这次重大发现的新意在于：它们能做复杂的梦，而且方式相似于人类，即能重复再现白天事件，尤其是现场所经历的兴奋与困难事，神经专家们指出，老鼠们是在像人一样于梦中学习或记忆。

麻省技术学院马特·威尔逊教授指出，该发现在神经学方面有重大意义："首先，作为我院学习与记忆中心负责人，我一直强调，人类已开辟了一条研究梦的新径，打开了一扇新门。其次，该发现能最终帮助研究工作者搞清，人脑在亚知觉（半清醒）状态时在梦中是如何工作的。"专家们让老鼠在迷宫内活动，它们在试图夺路而出时大脑处于高度兴奋状态，并形成十分显著特点的脑活动模式。同样，当它们在参与其他活动时，大脑也会形成其他活动模式。

然后，当它们睡着后，专家们在连着它们的设施里，反复看到了它们在走迷宫时显示出的特殊大脑活动模式，而不是其他模式；由此可以确认，老鼠们正在梦中记忆醒时走迷宫的情景，并继续动脑学习如何走出迷宫的方法。

威尔逊的研究是由美国国家健康学院资助的，该院院长莫斯指出："发现人梦与动物梦的相似状态，科学家们能通过老鼠的大脑活动进一步研究人脑活动。比如，有些专家推断人能在梦中解决问题，梦能帮助人形成与强化长远记忆等，老鼠做梦的研究不仅支持了他们，而且还提供了进一步研究的基础。还有一点也非常重要——有些实验在人身上不好做又不便做，而在老鼠身上则可行，或者说，先在兽类实验成功了再在人类实验、验证。"

乌贼的战斗力有多强

乌贼鱼很狡猾，遇到比它强大的敌害时，它就放出一种"墨汁"，把周围海水搞黑，乘机逃之夭夭。因而，人们通常叫它们"墨斗鱼"。

可是，你知道吗？有的乌贼鱼，依仗自己"身强力壮"，不屑于使这种不仗义的方法与敌人较量，它们觉得靠真力气打败敌人才算光彩。大王乌贼就是这样一种鱼。据介绍，20世纪80年代发现的最大的大王乌贼有18米长，1吨多重。它能把小渔船撞翻，还经常与抹香鲸一比高低。

在一个星月争辉的夜晚，一伙科学工作者正在海洋上进行考察。突然，远处平静的海面上波涛翻滚、浪花飞溅，真是"无风三尺浪"。过一会儿，一个

巨大的黑影跃出水面，犹如一座高塔立于大海之中，接着就倒了下去。如此反复几次，海面归于平静。考察船当即驶到现场，在那里找到的一个巨大的大王

乌贼的上半段——头足部。另一庞大身躯，已经葬身鲸腹了。这只乌贼不知是实力不够，还是缺乏策略。

在另一个月明星稀的夜晚，一艘捕鱼船的船员们在热带海洋上见到这样一场"海战"：大王乌贼用它那长满无数碗口粗大吸盘的长腕，紧紧钳住抹香鲸头部，正巧它的腕把鲸的鼻子给堵住了。抹香鲸由于喘不过气来，拼命地挣扎，企图摆脱险境。它上下翻腾，左右摔打，一次次地掀起巨大的浪涛，简直不亚于海啸。尽管抹香鲸拼命反抗，还是没有甩掉大王乌贼的巨腕，最后，终因筋疲力尽窒息而死。这次战斗，乌贼不但死里逃生，而且还取得了最后胜利。

一飞冲天的动物

在动物世界里，除了鸟和昆虫等真正会飞行的动物外，还有一些一般人看来没有飞行能力的动物，在某种特定时刻，也能一"飞"冲天。

在我国南海的海面上航行，常常可以见到一个庞然大物，突然跃水腾空，越过甲板，向前冲去，然后随着"嘭"的一声巨响，落入水中消失得无影无踪。这个庞然大物叫蝠鲼，是大型的软骨鱼类，体长7米多，重达2000千克。

蝠鲼形状特别，如同空中飞翔的蝙蝠。它头上生有两个摆动的"角"，叫做"头鳍"，能左右转动，捕食时伸展到口下，像漏斗一样把食物送入口中。左右两个大胸鳍扁平而宽阔，和躯体构成一个庞大的体盘，胸鳍上下摆动，就像鼓翼飞行的蝙蝠。背上披着灰绿底子带白斑的"衣衫"，后边拖着一条长长的鞭状尾巴，在游泳时起着平衡身体的作用。

当蝠鲼鼓动双鳍拍击水面、跃水腾空时，常常能飞离海面达4米高，然后拖尾滑翔。更奇的是，小蝠鲼竟常常在妈妈凌空飞行中降生。

在太平洋和大西洋中，还有一种飞行能力更为惊人的鱼——飞鱼。当人们在波光粼粼的海面上航行时，有时会突然发现从海水中冲出一大群"飞鸟"，几百只聚集在一起，张开翅膀，掠着海面飞翔。过不多久，它们又潜入海水之中，然后再次冲出海面飞翔。有时它们甚至飞落到船甲板上，直到这时，人们才发现其实这些"飞鸟"并不是什么鸟，而是一种长着"双翅"会飞翔的鱼。

飞鱼身体细长，长约20多厘米，宽3~4厘米，有着一身结实的肌肉，背上的鳞片蓝得发光，肚子银白，其余部分都呈黑色。它的头上有一对又大又圆乌黑发亮的眼睛，除了鳍有些与众不同外，和其他的鱼没有多大区别。

为什么飞鱼会飞，而别的鱼不会飞呢？首先，我们要弄清楚，飞鱼的飞行

并不是真正的飞行，而是滑翔。会飞的动物都长有两只翅膀，飞鱼虽然没有翅膀，却在身体两侧靠近头部的地方长着一对又长又宽的胸鳍（一般的鱼的胸鳍都小而窄），就像一对大翅膀一样。每当它从水底急速地游近水面，然后猛蹿出水面的时候，那对宽大的胸鳍就像鸟翅一样在它身体两侧伸展开来，产生的空气浮力就把它送上了天空，然后，顺着上升气流滑翔。远远看去，飞鱼就像是在飞一样。一般来说，飞鱼的滑翔飞行高度离开水面只有一二米，最高不超过10米，一次滑翔飞行时间不超过1分钟，顺风时滑翔飞行距离可达数百米。

在武侠小说家金庸笔下有一个著名的侠客号称"雪山飞狐"，其实在现实生活中确实有一种珍奇的怪兽——飞狐，它产于我国的湖北。

飞狐的模样颇为奇特：头宽似猫，有白色花纹；嘴短向下，似兔；身躯如松鼠，长40厘米，宽10厘米，高17厘米；肢长15厘米，四肢上有爪，锐利坚硬，状如鹰爪。前后肢间有皮膜，展开时体形似一把芭蕉扇，可以从一棵树飞到另一棵树上。

在东南亚的热带森林中，有一种鼯鼠，体长16～20厘米，头短而圆，眼睛很大，瞳孔特别大，可以感受微弱光线。鼯鼠背部的毛为灰白色，尾巴几乎与身躯同样长。其身躯两侧前后脚之间有一层薄膜，膜的两面长有细毛。它利用这种独特的皮膜，能够从高处飞向低处，滑翔20～50米的距离。它还能用腿的抬升、垂下或伸直等方法来改变滑翔路线。

在印度尼西亚的热带雨林中，有一种绿色的大型树蛙，它身体扁平，足趾间有蹼膜相连。当它将足上发达的蹼膜完全张开时，能轻易地从一棵树上"飞"到另一棵树上，距离可达10米以上。

爬行动物中也有会"飞"的，比较典型的是飞蜥蜴和飞壁虎，它们身上都长有翼状的皮膜，平时或折叠在腰际，或收在腹部，当它们居高临下俯冲滑翔时，皮膜会全部张开，滑翔距离近20米。

鲨鱼抗癌传说

癌症是现代社会困扰人民生活的顽疾。目前，治愈癌症最有效的药物尚未被发现。生物学家发现，鲨鱼的身体非常健康，几乎不会生病，就是受了很大的创伤，也能在很短的时间内痊愈而不会发生炎症。

鲁尔是美国著名的生物化学博士，他长期研究的课题是鲨鱼的生理和病理。在长达25年研究中，他给5000条鲨鱼做过病理解剖，只发现一条鲨鱼生有肿瘤，并且还是良性肿瘤。黄曲霉素是一种极强烈的致癌剂。美国佛罗里达州的科学家就曾经用它去喂须鲨。在长达8年的实验中，却没有一条鲨鱼生肿瘤。由此可知，鲨鱼具有很强的抗癌能力。可是，鲨鱼是怎样抵御癌症侵袭的呢？

一些科学家认为，鲨鱼不易患癌是因为肌肉里能产生一种化学物质，它能有效地阻止癌细胞生长。

鲁尔博士则认为，鲨鱼的肝脏能产生很多的维生素A。实验证明维生素A能使刚产生癌变的上皮细胞与正常细胞分化，从而恢复细胞的正常性。所以鲁尔认为维生素A是鲨鱼不易得癌的最好武器。

还有科学家认为，鲨鱼的秘密武器在于软骨组织中。很早以前，科学家就得出牛犊的软骨有防癌作用这一结论。

美国麻省理工学院的科学家朗格尔在1982年的研究中发现：鲨鱼的骨骼完全由软骨组成。

而这些软骨组织中有一种化合物，能阻断癌肿周围的血管网络，它还能使癌细胞的养料供给不足从而使癌肿萎缩，达到杀死癌细胞的目的。

他通过实验得出，鲨鱼软骨中的物质能抵制癌细胞的生长而没有一点儿副作用，这要比牛犊软骨中的物质作用强10万倍。

美国哈佛大学科学家提取鲨鱼软骨中的物质，用于治疗 32 个晚期癌症患者，其中 11 人治愈，而其余的 21 人的癌肿也明显好转。

墨西哥康脱拉斯医院在 1991 年用鲨鱼软骨提取物治疗 8 例晚期癌症患者，他们的癌细胞得到 30% ~100% 的不同程度的控制。

鲨鱼的抗癌武器在胃部，分子生物学家扎斯洛夫这样认为。在实验研究中，他发现鲨鱼的胃部有一种叫"角鲨素"的抗生素，它的杀菌效果比青霉素还要强，它在杀死真菌和原生物的同时，对癌症和艾滋病都有很好的治疗作用。鲨鱼凭什么才能抵制癌症对它的侵袭，到目前为止仍是一个不解之谜。

麒麟鱼的神秘身世

　　麒麟鱼是海洋中一种蓝色的鱼类。在上演精心编排的求爱之舞过程中，麒麟鱼能够呈现出橙色、黄色、蓝色和绿色。白天的时候，它们是一群非常害羞的动物，绝大多数时间都在进进出出珊瑚礁中度过，因此很难被照相机捕捉到。但在摄影师耐心的努力下，我们得以欣赏到这种海洋蓝色精灵：

　　麒麟鱼生活在位于日本南部的中国东海与澳大利亚北部之间的太平洋。凭借其由橙色、黄色和蓝色打造的美丽外表，麒麟鱼成为潜水爱好者和野生动物摄影师的一大宠儿。面对如此亮丽的色彩，早期发现者不免将这种神奇的鱼类与 19 世纪中国满

清官员穿着的丝制袍服联系在一起。以其独特的颜色作为参照，人们显然不会将生活在盐水中的麒麟鱼与呈褐色的淡水肉食鱼类混淆在一起。除了"麒麟鱼"这个名字外，它们也被称之为"满洲鱼"或"鳜鱼"。

　　体内拥有蓝色素的动物只有两种，麒麟鱼便是其中的一个幸运儿。除了五彩缤纷的颜色这一令人吃惊的特征外，麒麟鱼还有一张吸引人眼球的王牌，那就是拥有观赏鱼"绿青蛙"近亲这一身份。当然了，世界上呈蓝色的鱼类还有很多，但它们的颜色来自于成堆的扁平细薄反射晶体形成的波型，而不是像麒

麟鱼那样依靠一种细胞色素。尽管拥有异常华美的外表，但出人意料的是，麒麟鱼却是一种生性害羞的动物。它们是珊瑚礁居民，更喜欢栖身于受保护的礁湖和沿岸珊瑚礁。游动时，它们的鳍快速摆动，就像是一只正在盘旋的蜂鸟。它们的个头很小，身长最多也不过 4 英寸（约合 10 厘米），同时又喜欢在底部觅食，因此很难被发现。这种难觅踪影让很多潜水者拍摄完美照片的梦想最终化为泡影。

觅食中的麒麟鱼非常挑剔，它们动作缓慢并且小心谨慎，白天的时候主要以小型甲壳类、无脊椎动物以及鱼卵为食。它们与鸟类相似，在享用前会对面前的食物进行一番研究。它们的眼睛很大并且向外突出，能够成为捕猎时的完美利器。由于绝大多数猎物都藏身于阴暗的地方，拥有一双目光敏锐的眼睛对麒麟鱼意味着什么我们不言而喻。

在太阳马上就要落山前，麒麟鱼的求偶好戏正式上场。雌鱼会来到珊瑚礁中它们最喜欢的地方，欣赏雄鱼上演的求爱活动。雄鱼不辞辛苦地表演旨在能够吸引其中一位异性，最后抱得美人归。所谓情场如战场，加之所在群体中雌性成员数量极少，雄鱼之间的竞争非常激烈。

一些人可能认为，对于麒麟鱼这种五彩缤纷的鱼类来说，在求爱过程中，它们的颜色自然是越亮丽越好，但真正让它们变得"抢手"的并不是颜色，而是体型。科学家经观察发现，体型更大并且身体更为强壮的雄鱼更易受到异性青睐，这些麒麟鱼中的"大块头"与雌鱼交配的可能性因此高于体型较小的竞争对手。如果求爱大计成功收场，被打动的雌鱼会游向雄鱼并栖身于它们的腹鳍之上。在此之后，它们的腹部紧贴在一起排成一列，同时慢慢向上游动，距离最远时可高出珊瑚礁 1 米。

一旦游动到所希望的最高处，雄鱼便进行射精，受孕的雌鱼最多可排卵 200 颗。有时候，遭到拒绝的竞争者也会突然冒出来，不顾一切地进行授精尝试。它们会游向正在交配的"小两口"并排出自己的精液，寄希望于浑水摸鱼，让别人的"老婆"也怀上自己的孩子。交配完成后，麒麟鱼夫妇会快速游回珊瑚礁，整个过程不过只有几秒钟。受精卵被留下来，一切听从命运安排。在水流的带动下，受精卵四处飘动并最后孵化出麒麟鱼幼仔。在珊瑚礁一个舒适角落安顿下来之前，幼仔仍旧以浮游生物为食，这个过程要持续两周。安顿下来之后，它们会一直生活在珊瑚礁内直至死去。麒麟鱼的寿命在 10～15 年。

麒麟鱼是潜水爱好者和野生动物摄影师的一大宠爱，由于极具观赏性，很多宠物爱好者将它们养在家中。但需要提醒人们注意的是，麒麟鱼还是在自然环境下才会生活得更健康、更快乐。这些生性挑剔的小生灵根本就不喜欢现成的食物，由于天生的觅食习惯无法被"复制"，生活在水族馆的麒麟鱼经常以"饿死"这种方式走向生命的终结。

对于那些真正希望帮助麒麟鱼的人来说，他们最好在自然环境下观赏这些美丽的动物，而不是将它们带回家。如果想表现得更积极一些，你也可以参加反对过度捕捞、破坏性捕鱼方式以及毁坏栖息地的活动，所有这些做法都会危及麒麟鱼的生存。

章鱼记忆奥秘

以色列希伯来大学 Alexander Silberman 生命科学研究所神经生物学系的 Benny Hochner 博士领导的对章鱼的研究，揭示了大脑储存和读取记忆的机制。

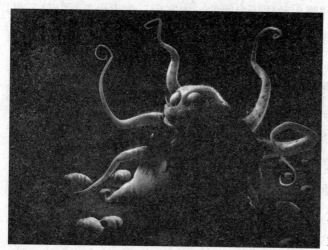

章鱼等头足类动物，因为具有相对较大的脑并能够被训练完成各种学习和记忆任务，而被认为是最聪明的无脊椎动物。章鱼的行为体系和学习记忆能力的复杂程度甚至与高级脊椎动物相当。但是，无脊椎软体动物的大脑，无论神经细胞的数目和解剖学复杂程度上都大大不如脊椎动物大脑。科学家们试图通过研究这种独特的生物，来解释现代神经科学最吸引人的问题之一：大脑是怎样储存和读取记忆的？

在此前的研究中，Hochner 发现章鱼大脑中一处对学习和记忆很重要的区域，它表现出了兴奋性、活性依赖的长时程突触增强（LTP）过程，并与脊椎动物大脑的过程惊人地相似。

LTP 过程能够在几天甚至整个生命周期内，通过增强突触的电信号传递而达到促进神经细胞信息转换的作用。人们相信，大脑存储记忆区域的神经细胞间的突触连接，在执行某种特定学习功能中会因为活性诱导的 LTP 过程而变得更活跃。Hochner 说："你可以把这描述为在神经网络中用来存储长期记忆的'记忆痕迹雕刻'"。

在最新发表在《当代生物学》上的文章中，Hochner 描述了他是怎样在章鱼大脑中测试上述理论的。他通过使用人造 LTP 和电激阻断大脑的 LTP 过程。

当在指定训练前使用这些技术阻断 LTP 时，实验组的章鱼在第二天的长期记忆测试中并不能很好地回忆起任务。通过破坏章鱼大脑中的特定线路连接来阻止感官信息到达学习记忆区也得到了类似的实验结果。这些结果证明了 LTP 对产生记忆确实十分重要。

无脊椎动物中存在 LTP 过程的这一事实说明，LTP 过程是调节学习记忆的十分有效的机制。对章鱼的研究实验还对揭示记忆系统是怎样组织的有所帮助。Hochner 说，即使承认 LTP 对于学习记忆很重要，我们仍需进一步的实验来理解人类和其他动物大脑是怎样利用这一分子层面的过程存储和重新读取记忆的。

Hochner 认为这项研究还暗含着与学习记忆的组织相关的问题。有文献记载，记忆过程可以分为几分钟几小时的短时记忆和能够把重要事情储存很多天甚至一生的长时记忆。有趣的是，同包括人类的哺乳动物一样，章鱼的短时和长时记忆也是两个分离的系统，位于大脑不同的区域。

目前，人们还并不清楚这两个系统是否和怎样相互关联的。但是，章鱼大脑的组织展示了一个此前从来没有描述过的信号混杂方式。在章鱼大脑内，短期和长期系统是并行而不是独立地工作的。这是因为章鱼脑内长期记忆的区域除了存储长期记忆以外，还有管理短期记忆系统获得短期记忆的速度的功能。这一管理机制可能在章鱼遇到紧急和危险事件而亟须快速学习时起关键作用。

会走路的植物

在一般人的概念中，似乎只有动物能动，植物是不会运动，更不能离开原地到处走动。其实不是这样的，在植物界，植物除了会有向地性运动、向光性运动、向湿性运动等原地运动之外，还有一些草和树是可以整个离开原地移动的。

在南美洲秘鲁的沙漠中，有一种自己能徒步行走的植物——仙人掌。这种仙人掌的根是由一些软刺构成的，它能将自己的根系当成腿和脚。当在某一地区生活不下去的时候，它们只好随风一步一步地移动；当遇到适宜的生活条件时，再停下来。

南美洲生长着一种既有趣又奇特的植物，名叫卷柏。每当气候干旱，严重缺水的时候，它会自己把根从土壤里拨出来，摇身一变，让整个身体蜷缩成一个圆球状。又轻又圆，只要稍有一点儿风，它便能随风在地面上滚动。一旦滚到水分充足的地方，圆球就迅速地打开，恢复"庐山真面目"。随后，根重新再钻到土壤里，暂时安居下来。如果，它又感到水分不足，住得不称心如意时，它又继续拨起根来，再过旅游的生活了。

卷柏的一生就是这样的旅游者，有水就住下，无水就滚走，所以难怪有人称它是植物王国中的"旅游者"。

在美国西部还有一种滚草，当天气干燥、风大、没有水的时候，整株植物能够连根拔起，卷成一个球形，随风滚动。滚动中遇到了障碍物，它就会停下来，把根扎进土里，重新开始生长起来，这也是靠风力滚动的。有的植物是靠自己的力量走动的。如禾本科的野燕麦就是一种靠适度变化走动的植物。

世界上的植物真是奇妙，像这样可以走动的植物还有很多。

植物被麻醉之说是真是假

在动物世界中，那些高大雄壮的动物们只要挨了科学家的一枪麻醉，不一会儿就会老老实实地躺在地上，死了一般。可植物与动物不同，它只有最原始的神经，它们也能被麻醉得一动不动吗？

大家都知道含羞草的叶子一触就"含羞"地合拢，科学家用乙醚或者氯仿对含羞草进行了麻醉，结果，怎么去触它，它也不再"害羞"，叶子一动不动。麻醉作用消失后，它又变得"害羞"了。

不仅是含羞草，捕蝇草被麻醉，也会麻木不仁，水生植物被麻醉后，在水中不再冒气泡了，麻醉作用消失，水泡又咕噜噜地冒了出来。

麻醉剂对植物的发育会不会带来影响呢？结果表明很矛盾，一般情况下，低剂量麻醉对植物的光合作用有抑制，然而又促进了植物的呼吸；大剂量麻醉会同时抑制这两个作用。

意想不到的是，麻醉剂对种子却有"唤醒"的作用。

种子好比一位沉睡的"公主"，而各种激素、光、温度和水是"唤醒"它的条件。麻醉剂可以模拟光照，起促使"公主""醒"来的作用。乙醇、氯仿和激素、光照、水分一样，是很好的催芽剂。

然而，巴比妥类的麻醉剂，却能起到阻止种子发芽和花粉管生长的作用，还能阻碍稻秧生长，使叶绿素减少，所以有些麻醉剂对植物是起破坏作用的。

奇怪的是，本身充满麻醉剂的罂粟类植物却能茁壮成长，这里面又藏着怎样的奥秘呢？

"吃人树" 传说

　　许多年来，世界上许多报纸杂志不断刊登了有关食人树的报道。报道对食人树的描绘有共同的地方："这种奇怪的树，外形与柳树近似，长有许多长长的枝条，有的半垂在空中，有的拖到地面上，就像一根根断落的电线。行人如果不注意碰到它的枝条，枝条就会马上把人紧紧卷起来，使人难以脱身，仿佛被无数根绳索绑住一般。接着，枝条上分泌出一种极黏的消化液，牢牢地把人粘住，并消化皮肤、肌肉，直到将人体中的营养吸收消化完，枝条才重新展开，而地上往往只留下一堆白骨。"除了这些描述之外，还有许多怪事。

一名德国探险家说，在非洲马达加斯加人迹罕至的热带雨林里，生长着一种神奇的"恶魔之树"，它有着黑色的树干，长而宽大的叶子。叶子边缘是如刀片一样的锯齿形状。黄昏来临时，当地土著人围着"恶魔之树"做一种神秘的仪式，突然随着人声吆喝，一名全身裸露的妇女爬上"恶魔之树"的树干。当那名妇女被迫接触到那如海带一样的叶子时，恐怖的事情发生了，只见那些树叶突然狂舞起来，像章鱼的触须一样伸过来，将那名可怜的妇女紧紧缠住，随着叶子越来越多，越缠越紧，慢慢地，她的叫声衰弱下去，接着她的头部和身躯不见了……这是多么可怕的植物啊！

香港出版的《科技世界》也有类似的报道：在东非海岸地区，有一种吃人树，叫做"尼亚品脱"。它的枝条上满布锐利的尖刺，同时，叶子非常粗厚，也是有刺的。如果人或兽不小心踩着了它，那些枝叶便要把人缠裹起来，越挣扎，缠得越紧。

最让人不寒而栗的报道是一则关于吃人樟树的报道：内尔科克斯塔莫妮斯克丛林中有两棵巨大的樟树。它们的躯干庞大，直径足有 6 米多。据专家分析，它们已经有 4000 多年的寿命。其中一棵根部已经腐烂，露出一个 3 米宽、5 米高的大树洞来。倘若你一不留神靠近树洞，就会立即被它吞掉。目前，已经有许多无辜者落入洞穴不得生还……

这些传闻性的报道，使一些人相信地球上确实存在这种恐怖的食人植物。但是植物学家们对此却持怀疑态度。因为直到目前为止，还没有人能确切地指出它是哪一科、哪一属的植物，也没有提供照片作为有力的证据。学术界也尚未发现有关吃人植物的正式记载和报道，就连著名的植物学巨著——德国的恩格勒主编的《植物自然学科志》以及世界性的有关植物与蕨类植物辞典中，也没有任何关于吃人树的描写。

那么这是怎么回事呢？带着种种疑惑，科学家们踏上了探寻吃人树之路。

1971 年底，一支由南美洲科学家组成的大型探险队，专程赴马达加斯加岛考察。他们在传闻有吃人树的地区进行了一遍又一遍的仔细搜索，结果并没有发现卡尔·里奇所描述的吃人树。不过，科学家们在那儿见到了一些能够捕食昆虫的猪笼草，以及一些带刺的麻科植物。这种麻科植物会像刺毛虫那样刺痛人的皮肤，但离吃人还差十万八千里呢。看来 100 多年前德国探险家里奇的说法，只能被当成是有趣的神话故事，而不能作为严肃的科学依据。植物学家们通过这次考察，更增添了几分对吃人植物真实性的怀疑。

历史上，寻找"吃人植物"的行动远远不止上述的这些。人们非常辛苦地寻找"吃人植物"，却始终没有见到它的踪影，这更让人怀疑"吃人植物"存在的可能。那么关于吃人树的报道又应该怎么解释呢？难道都是捕风捉影？一些科学家经过仔细分析以后认为，吃人树的说法或许是人们根据食肉植物捕捉昆虫的特性，经过想象和夸张而产生的，要么就是根据某些未经核实的传说以

讹传讹。

其实地球上确确实实存在着一类行为独特的食肉植物（亦称食虫植物）。它们分布在世界各国，共有 600 多种，其中包括瓶子草、猪笼草、茅膏菜和捕捉水下昆虫的狸藻等。这些植物的叶子很奇特，有的像瓶子，有的像小口袋或蚌壳，有的叶子上甚至长满腺毛，能分泌出各种酶来消化虫体。

植物由根部吸收水分及矿物质，由叶片吸收二氧化碳，再经由阳光所推动的光合作用将二氧化碳、水及矿物质转化为碳水化合物及其他的有机物，植物因而得以成长。然而这些食肉植物大多生长在经常被雨水冲洗和缺少矿物质的地带。这些地区的土壤呈酸性，缺乏氮素养料。因此植物的根部吸收作用不大，以致逐渐退化。为了获得氮素营养，满足生存的需要，它们经历了漫长的演化过程，演变出能吃动物的特性。

不过在迄今所知的食肉植物中，还没有发现哪一种植物能用枝条将人牢牢粘住。吃肉植物均具有形形色色的捕捉小动物（尤其是昆虫和蜘蛛）的装置，它们用特殊腺体分泌的"消化液"来消化猎获的食物，目的在于吸收营养，用动物的氮素来补充它们从土壤里吸收氮素的不足。一般的捕获器由叶子变化而来，上边覆盖着黏液，长着黏毛，能够向内弯曲、关闭，样子很像准备握成拳头的手掌。

据最新资料显示，世界上能吃动物的植物绝大多数只能吃些细小的昆虫。比如眼镜蛇百合，高达 1 米的枝蔓如同直立的眼镜蛇，锯齿形的叶子如同突出的齿牙，而甘甜的花蜜则是吸引动物上当的诱饵。一旦动物落入其中，便难逃一死。最出名的食肉植物莫过于维纳斯捕蛇草，当昆虫触动叶缘的触须时，草的"下颚"猛地关闭，把昆虫紧密地包裹其中。还有捕虫堇，这种植物的秘密武器是其分泌的黏稠的液汁，像捕蝇纸一样粘住昆虫，继而吸食昆虫的软组织。热带猪笼草则更胜一筹，它长达 10 米的藤蔓上盛开着硕大的花朵，青蛙、小鸟甚至小猴子都是它的美餐，但是吃人却是不可能的。

经过一系列的考察，绝大多数植物学家倾向于认为，世界上并不存在能够吃人的植物。可是，也有少数学者认为，虽然眼下还没有足够的证据说明吃人植物的存在，但是也不能完全否定，也许在茫茫原始森林里，会有这种奇特的植物的存在。

生石花之谜

石头是不会开花的，人们为了形容做一件事非常之难，会说，如果这件事成功了，石头也就开花了。可见，谁也没见过石头开花。

可是在北京植物园多浆植物温室，却让人惊讶地看到在一堆又圆又可爱的小河石中有几块"石头"开出了花。这花货真价实，金黄色的细花瓣舒舒展展，极像我国的野菊花，仔细看，这花确实是从"石头"上长出来的，这是怎么回事？

原来这是一种多浆植物。但是植物怎么会长成石头模样呢？

这种多浆植物的老家在炎热的非洲热带沙漠地区。这种植物长期适应着这里的干旱条件，茎、叶都渐渐退化了，身体圆鼓鼓的，那浅淡的颜色和形状极像河里卵石的样子。可这"石头"里却贮存着大量的水分，像水壶似的，在干旱条件下，这"石头"开花生长，生命力旺盛。所以，在非洲热带沙漠地区旅行的人，在仙人掌丛生的地方，常常能看到许多奇怪的小石头上开着美丽鲜艳的花朵。

一般，每个小"石头"只开一朵花，生在茎的顶部，花期挺短，不过 24 小时。

现在，世界上许多植物园里都有这种植物，植物学家还给它起了个好听的名字——生石花。

和蚂蚁相依为命的蚁栖树

在南美巴西的森林中，有一种高大的树，叫蚁栖树，它和小小的蚂蚁总是相依为命。

蚁栖树粗壮的茎上有节，好像竹节一样。它的叶柄很长，叶片掌形，有点像蓖麻叶的样子。

蚁栖树如此粗壮高大，为什么要和小小的蚂蚁相依为命呢？

原来，在巴西密林中，生存着一种啮叶蚁，它们胃口非常好，喜欢吃任何一种树木的叶子。

蚁栖树面对啮叶蚁，却毫不畏惧，它自有对抗的办法。

在蚁栖树的叶柄的基部，有一丛密密的小毛，在毛丛里生有富含蛋白质和脂肪的小蛋形物，益蚁非常爱吃这种美味小蛋，就把小蛋搬走作食物。奇

妙的是，小蛋被搬走后，不久毛丛里又会生出新的小蛋来，这样一来，益蚁再不愁吃，最大的食物问题得到了保障，它们就优哉游哉地在蚁栖树上过日子了。蚁栖树的茎表面上有孔，中间是空的，所以益蚁在空茎里栖身，从小孔里爬进爬出，非常方便。

面对这么舒适的家，益蚁就一丝不苟地充当起蚁栖树的警卫士兵来了。

当啮叶蚁爬到蚁栖树上来吃叶子的时候，益蚁倾巢而出，大举围攻。啮叶蚁抵抗不过，逃之夭夭。所以啮叶蚁吃各种树木的叶子，就是无法吃到蚁栖树的叶子。

在生物界里，两种生物相依为命，互帮互助地生活在一起的现象叫共栖现象。

在美国加利福尼亚州的沙漠区，科学家发现在一种桶形仙人掌的顶端有一个花蜜地区，蚂蚁就靠这些花蜜来维持生活，而蚂蚁又能保证仙人掌在自行脱籽前，保护种子不被其他虫子吃掉。

在热带森林中，有一种名叫大花瓜子金的植物，它的茎干有一种形状像瓶子的叶片，蚂蚁就喜欢在这种叶片上安家，蚂蚁总是进进出出忙碌不停，会带来一些泥土，而那些靠近瓶口茎上的细根，就会慢慢伸入瓶中的泥土里，吸取土壤中的营养。

看！植物会有各种聪明的方法，为了更好地生存而和动物生活在一起，在动物界里，也有许多共栖现象，大自然对于我们人类来说，奇妙无比，奥妙无穷，你一定有兴趣去探索吧！

让人叫奇的"喂奶树"

为幼小的子女喂奶一直是高级哺乳动物具有的功能，你听说过树也能喂奶吗？很奇怪吧，其实生长在非洲摩洛哥西部平原上的"奶树"也同样具有这样的本领。

奶树的原名叫"篷尹迪卡萨里尼特"，意思是善良的母亲。

它的树身呈赤褐色，树高可以达到3米多，长有狭长和肥厚的叶子，开一种细蕊似的白色花球，看起来十分美丽。

当花球凋零的时候，在花球的蒂托处就会结出一个椭圆形的奶苞，苞尖上生有一条柳丝般的长长奶管。

当奶苞成熟之后，奶管里就会涌出一种黄色的"乳汁"。

奶树的繁殖，不是用种子，而是从树根上萌生出小奶树。因此，在成年奶树的树身周围，有许多从根部萌生出来的幼树，它们在生长过程中，用狭长的树叶吸收从树上滴下的乳汁后，输送给树内的组织，促使树身逐渐长大。当小树长到一定的高度之后，大树就会从根部发生裂变与小树分离，使小树独立生活，并脱离小奶树。与此同时，大树的树冠开始逐渐凋零，以便给小树提供更多的光照机会，使小树更快

地成长。小奶树长成大奶树之后，同样担负起哺育下一代的任务，这样，一代一代地繁衍下去。

奶树是世界珍稀树种之一，由于它自身的繁殖力薄弱，在摩洛哥面临绝灭的危机。现在，科学家正在研究保护奶树和育种繁殖奶树的办法。

摩洛哥奶树分泌的奶液不能食用，可是南美地区有一种奶树流出的汁液，却是一种富含营养的饮料，可与最好的牛奶媲美。当地居民常把它栽在村庄附近，用小刀在它身上划开一条口子，它就会流出清香可口的"牛奶"来。

奶树为什么会产奶呢？迄今为止还是一个谜。

不怕火的沼泽松

北美洲有一种最珍贵的树种，叫沼泽松，是最善于适应火灾的一个树种。这种高大的树有着罕见的浅色树冠，身躯伟岸挺拔，不仅生长在低洼的地方，而且也生长在干爽的山麓。它木质坚硬，红润有光，色泽非常悦目。正是这种树，似乎是专等发生火灾才成长壮大呢！当它的幼苗长到几十厘米高的时候，在5～7年内就完全停止再往上长，这时它全力发展和巩固根部。幼苗的针叶含有很多水分，而且长得很长。这些针叶紧紧聚拢在一起把未来的新枝保护在它们中间。在此阶段，火灾丝毫损害不了它，烈火只能把潮湿的针叶全部燎净。然而它周围

的其他树木、灌木和草一下被大火吞噬而光，它的幼苗此时就得以见到阳光。大火之后，沼泽松迅猛生长，并长出一层很厚的树皮以便更好地保护自己，避免新的火灾危害。正因为这样，现在栽植沼泽松的时候，往往故意烧一烧松树地段，为它们的生长创造最好的条件。

号称"世界爷"的红杉，也是不怕火的。这种被称为活化石的古生植物非常珍贵，现在已经很少见到了。生长在北美一些国家公园里的红杉数目是屈指可数的，人们把它们作为稀世珍宝来加以保护，自然不让火灾在红杉林中发生。

可是事与愿违，这种罕见的树木却不愿意繁衍子孙，而且行将绝种了。原来，在它的树冠之下，生长着许多冷杉幼树，冷杉生长过程中争夺了红杉的养分。要使现有的"世界爷"森林得以更新，就必须定期进行火烧。红杉树不怕火烧，因为它的木质犹如钢铁一般，是燃烧不起来的，而且它的纤维质树皮又厚又结实，严严地保护着它那坚实的树干。当然，大火可以把红杉的叶子和树冠烧着，可是老的叶子烧掉了之后，新的叶子很快就生长出来了。

大火之后，红杉树不但获得了广阔的生活空间而且开始迅猛向上和向周围生长，同时也给红杉树的种子清扫了地盘。因为红杉树的种子只有在没有草木、被火烧透而且深深覆盖着草木灰的土壤上，才能发芽。红杉幼苗需要大量的光和热，只有在充足阳光和无"人"与它们争抢的空间中，才可能迅速生长。

如此说来，森林火灾到底是有利还是有害呢？科学家经过详细的全面计算之后，断然肯定，害远远大于利。虽然火灾可以对某一些树种的自然恢复和森林以后的发展起促进作用，然而，这种个别有利后果却远不能补偿火灾给人类的经济活动造成的巨大损失。森林火灾是国民经济的一大害，应该千方百计把森林火灾减少到最低限度。

第三章

数理化学之谜

爱因斯坦与他的相对论

著名科学家爱因斯坦则是一位"将怀疑权威同相信世界在本质上是有秩序的和可认识的"这一信念结合在一起的科学工作者。他不盲目相信权威，只是充分利用前人的经验积累，然后再加上自己的独立研究，这才得以迈向一个又一个的科学高峰。

爱因斯坦的相对论便是在牛顿力学的基础上提出来的。自17世纪以来，牛顿力学一直被人类视作全部物理学，甚至整个自然科学的基础，它可以被用来研究任何物体的运动。进入20世纪后，人们发现传统的理论体系无法解释在一些新的物理实验中产生的现象。对牛顿力学坚信不疑的科学家们陷入了迷茫，尽管他们无力调和旧理论和新发现之间的矛盾，但他们仍然不敢怀疑牛顿力学。就在这场物理学革命中，爱因斯坦选择了一条与其他科学家不同的道路，终于成功提出了狭义相对论。

爱因斯坦的狭义相对论包括两条基本原理：相对性原理和光速不变原理。

狭义相对论可以推导出物体的质量与运动速度有着密切的关系，质量会随着运动速度的增加而增加，还推论出质量和能量可以互换。爱因斯坦得出的质能方程式为：$E=mc^2$，其中 m 表示物体的质量，c 表示光速，E 是同 m 相当的能量。爱因斯坦的这个方程式对原子内部隐藏着巨大能量的秘密作了揭示，为原子能应用的主要理论基础，为原子核物理学家和高能物理学家的科学研究提供了便利。

根据狭义相对论的两条基本原理，还可以推导出前人无法想象的结论。比如，飞船上的一切过程都会比在地球上慢。假如飞船以每秒钟 30 000 千米的速度飞行，那么飞船上的人过了 1 年，地球上的人就过了 1.01 年；假如飞船以每

秒钟 2 999 000 千米的速度飞行，那么飞船上的人过了一年，地球上的人就过了50 年。这是多么神奇啊！

有一点需要说明，相对论的效应在低速运动时非常微小，很难被察觉，因此牛顿力学与相对论的结果非常接近。只有当速度大到能够和光速相比时，才可以改用相对论力学。因而，我们日常生活中所能接触到的各个领域，还必须都应用牛顿力学的原理和公式。

1912 年 10 月，爱因斯坦在苏黎世大学任教。在此期间，他继续钻研，不断对狭义相对论的思想进行丰富和充实。1913 年，爱因斯坦和他的老同学数学教授格罗斯曼，合作写了一篇重要的论文《广义相对论和引力理论纲要》，为广义相对论的建立扫清了障碍。

1915 年，爱因斯坦终于完成了创建广义相对论的工作。次年，他发表了自己的总结性论文《广义相对论的基础》。在这篇论文中，他提出了新的引力方程，这与 200 年来在科学界占垄断地位的牛顿引力方程不同。人们将这篇论文

称为20世纪理论物理学的巅峰。

爱因斯坦后来又在广义相对论的基础上导出了一些重要结论，如光线在太阳引力场中发生弯曲；水星近日点的旋进规律；引力场中的光谱线向红端移动等。

1919年5月29日发生了一次日全食，由英国派出的两支天文考察队分别在两个地点进行了独立观测，并拍摄到清晰的日食方向的星光照片。观测结果证明爱因斯坦的预言是正确的。光线不但呈现弯曲，就连弯曲的程度和数值也同于爱因斯坦的计算结果。其他两项预言也在后来相继得到证实。

爱因斯坦被人们誉为"20世纪的牛顿"。他的广义相对论如今已成为现代物理学最主要的理论基础，标志着原子理论时代的到来。

金属 "记忆" 之谜

1963 年的一天，由于实验的需要，一群工作人员正在美国海军的某一研究机构中，忙着加工一批镍钛合金丝。由于他们得到的合金丝是弯曲的，不便使用，所以得先拉直它们，然后再用来做实验。实验开始后，当实验温度升到一定值时，工作人员竟然发现，他们费了不少工夫才拉直的合金丝，全都变回了原来那种弯曲的形状。研究人员后来又多次做这个实验，结果都完全相同。

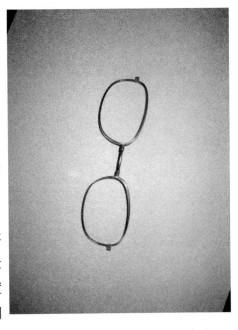

人们又做了许多研究，终于发现，一些合金之所以具有恢复原来形状的本领，是因为随着环境的变化，这些合金内部原子的排列会出现变化。如果温度回到原来的数值，合金内部原子的排列也会回到原来的排列方式，其晶体结构也会因之而出现相应的变化。人们把具有记忆形状能力的合金称作 "形状记忆合金"。记忆合金的 "记忆力" 特别惊人，除了能恢复原态外，还能重复恢复原态达几百万次，而且不会产生疲劳和断裂。

阿波罗登月舱曾在月亮上设置过月面天线，宇航员的形象和声音就是通过无线电波从 38 万千米外的月球传送到地球上来的。月面天线的直径长达数米，科研人员就是利用记忆合金将其放进小巧的登月舱中的。他们先用记忆合金制

成半球形天线，然后降低温度将其压成一小团装入登月舱。等天线随着登月舱到达月球表面时，温度由于太阳光的照射而升到转变温度，天线便恢复了本来的形状。

记忆合金还具有耐腐蚀性，因此牙医便利用镍钛合金制成矫齿丝，借助人的口腔温度，来为患者做牙齿矫正手术。医生在使用口腔矫齿丝之前，先为准备矫正的牙齿做一个石膏模型，然后根据模型把口腔矫齿丝弯成牙齿的形状，再将其固定在牙齿上，每过了一段时间就更换一次。每更换一次，矫齿丝都会更加趋向于其原来的形状。牙齿就是在这个变形过程中慢慢地得到了矫正。

超光速粒子真的存在吗

自 1905 年爱因斯坦提出狭义相对论以来，人们普遍认为任何物体的运动速度都不会超过光速。因为爱因斯坦的公式说，当一个物体的运动速度与光速相等时，其质量便会变得无穷大。相对论还告诉我们，光速不受光源运动速度以及观测者运动速度的影响，即光速不变。

究竟有没有一种物体的运动速度比光速还快？如果真的有，相对论就错了，就有必要予以修正，甚至还会被推翻。人们在日常生活当中肯定找不到超光速的现象，但是这种现象也许会出现在茫茫的宇宙深处，或者细微的基本粒子中间吧。

1934 年，前苏联科学家切伦科夫发现了一个现象：光在水中的传播速度要比在真空中传播的速度慢，然而高能粒子在水中的传播速度会超过光速。这时，粒子会拖着一条发着光的、淡蓝色的尾巴。切伦科夫观察到了这种现象，另外，两名前苏联物理学家弗兰克和塔姆则对这种现象进行了解释，由此也产生了用来观测粒子速度的仪器。

人们开始考虑，自然界是否存在超光速的粒子，并将这种粒子称作"快子"。一些科学家认为，自然界的粒子分为 3 类：慢子、光子和快子。美国科学家范伯格认为，快子确实存在，但是它具有负重力的性质，也就是说，它们之间是互相排斥的。以光速为界线，存在两个宇宙，一个是"慢宇宙"，一个是"快宇宙"。在快宇宙中，粒子的运动都是超光速的。

如果有一天地球上的氧气被用完

在这个地球上，人类和其他生物吸进空气中的氧，而呼出二氧化碳。随着工业的发展，世界上二氧化碳的量不断增加，这种现象的确令人类担忧。二氧化碳增多的最直接后果便是造成了地球的"温室效应"，地球的温度因此而上升，导致了冰川融化，极大地威胁着人类的生存。

当然，人们有点过于悲观了。因为地球上的生物既能消耗氧，也能生成氧。世界上许多绿色植物在光合作用时，吸入的是二氧化碳，排出的却是氧气。科学家们通过实验得知，3棵大桉树每天吸收的二氧化碳的量，与1个人每天所呼出的二氧化碳的量差不多。除了植物以外，石头也从空气中吸取着大量二氧化碳。在二氧化碳和水的作用下，岩石中所含的碳酸钙会变成可溶解的酸式碳酸钙，这便是岩石的风化过程。据科学家们分析，每年由于岩石风化所消耗的二氧化碳为40亿~70亿吨。这些风化的岩石随着江河流往大海，当它再和石灰会合时，会再次形成石灰石，变成新的岩石。

目前，各国的科学家都在积极寻找能够使二氧化碳的排放量减少的有效途径，但是还没找到使空气中氧气增多的好方法。专家们指出，减少森林面积的流失、保护绿色植物是人类保护氧气的最好方法。因为正是这些绿色植物产生了人类赖以生存的氧气。

地球上的氧气会不会被用完，这有赖于全人类的努力。假如人类仍然无休无止地向大自然索取，人为地过度破坏生态平衡、乱砍滥伐森林，导致大量绿色植物锐减，说不定人类真会面临缺氧的危机。让我们现在就开始保护、生成氧的努力，正所谓"亡羊补牢，犹未晚矣"。

神秘的 "0" 之谜

在公元前 2000 年至公元前 1500 年，最古老的印度文献中已有 "0" 这个符号的应用，"0" 在印度表示空的位置。后来这个数字从印度传入阿拉伯，意思仍然表示空位。

我国古代没有 "0" 这个符号，最初都用 "不写" 或 "空位" 来做解决的方法。《旧唐书》和《宋史》在讲论到历法时，都用 "空" 字来表示天文数据的空位。南宋时《律吕新书》把 118 098 记作："十一万八千口九十八"，可见当时是用口表示 "0"，后来为了贪图书写时方便将口顺笔改成为 "0" 形，与印度原先的 "0" 意义相通。

0 不能做除数，我们可以从下面两种情况来谈点道理：

一种情况，如果被除数不是零，除数是零时，例如 $9 \div 0 = ?$ 根据乘、除法的关系，就是说要找一个数，使它与 0 相乘等于被除数 9，但是任何数与 0 相乘都等于 0，而绝不会等于 9。

另一种情况是被除数和除数都是零，例如 $0 \div 0 = ?$ 就是说要找一个数，使它与 0 相乘等于 0，因为零与任何数相乘都得零，所以要找的数不止一个，可以是任何数，那么 $0 \div 0$ 的商不能得到一个确定的数，这是违反了四则运算结果的唯一性，因此零除以零是没有意义的。根据上述两种情况都可以看出零是不能做除数的。

当然，我们还可以从等分除法的意义上看，除数是 0 是不能存在的。如有 12 本书，分给 0 个学生，平均每个学生分得几本，既然没有学生分这些书，就不可能求出每个学生分得几本书，所以 0 是不能做除数的。

数学"黑洞"之迹

所谓回数，就是一个数从左向右读和从右向左读都是一样，这样的数称之回数，如 303，12821，88888……都是回文式数，这种数在数中有无限多个。

对回数进行研究，得出一个回数猜想。此猜想到现在也没有解决。猜想是这样表示的：不论开始采用什么数，在经过有限的步骤后，一定可以得到一个回文式数。这个有限的步骤是这样的：任取一个数，再把这个数倒过来，并将这两个数相加。然后再把这个数倒过来，与原来的数相加。只要重复这个过程，就可以获得回文式数。

直到今天，还没有人证明这个猜想是对还是错。有一个 196，此数看看很简单，数学家用电子计算机对它进行了几十万步的计算，没有能获得回文式数，但计算机并没有证明它永远产生不了回文式数。

什么是"数学黑洞"？当写出一个任意的四位数（除四个数字完全一样的除外，例如 4444，7777 等），再重新对其进行整理，从大到小的顺序重新排列，把最大的数当做千位数，接下来把次大的数当做百位数……依次类推。举例来说，如 5477 经过整理之后便是 7754。接下

来，把得到的这个数颠倒一下，然后再求出这两个数的差（用大数减去小数，只看绝对值，不管正负号），然后，再对所得到的差数，把上述两个步骤再做一遍，于是又得到一个新的差数。

重复以上步骤，做不了几次，就会发现出现神秘的数 6174。任何不完全相同的四位数，经过重排和求差运算之后，都会得出 6174。它好像数的黑洞，掉进去就出不来。

通过计算机周而复始的迭代，几次之后四位数就会找到自己的归宿，进入6174。不信，你可以自己算，也可借助小型计算器进行验证。

在三位数里，495 也是一个黑洞数。对任何一个不完全相同的三位数，只要进行如上的重排和求差，几步之后就会得出 495。

为什么会出现这样有趣的黑洞数，尚需要数学家去探究其中的奥秘。

阿拉伯数字之谜

　　1971 年，埃及阿思温大水坝在盛大庆祝仪式中宣告落成。水坝高 114 米，长 3600 米，人工湖面积达 5180 平方千米。水坝建成后，长久以来尼罗河洪水每年为患的问题终于解决，从此滔滔河水可供灌溉之需。当时参加水坝揭幕仪式的人恐怕没有几个知道，早在 1000 年前便有个"疯癫"科学家想出过如阿思温大水坝一样的工程构想，只是由于那个时代的技术不足以应付所构想的巨大工程，才无法实现而已。这位阿拉伯思想家，就是伊本·阿尔海森姆，西方历史学家则称他为阿尔哈森。阿尔哈森虽然称疯子，可是一点不疯，而是高瞻远瞩的天才、中古时代最伟大的伊斯兰科学家，其创造才华和进取精神足以与克卜勒、达文奇和牛顿等人相提并论。

　　公元 965 年阿尔哈森生于伊拉克，30 岁时便精通数学、哲学、物理和医学，因此当时对科学极有兴趣的埃及国王阿尔赫金请阿尔哈森到开罗继续进行研究工作。阿尔哈森加入国王资助的科学研究机构不久，提出了一项见解，认为尼罗河应该筑水坝蓄水防洪，而阿思温的河峡是理想的筑坝地点。国王听了非常高兴，立即命令阿尔哈森着手进行，并且派了大批工程师和工人同往。但这位科学家实地视察并与工程师商讨过各项技术问题，即断定凭当时所能运用的工具，这项筑坝蓄水的计划是不切实际的。

　　不幸的是他在国王心里挑起了极大的希望，而国王的可怕习惯是把引致他失望的人处死。阿尔哈森知道这点，于是鼓起勇气承认失败，同时表示他当时精神错乱，所以不能为此事负责。原来回教法律禁止用残暴方式对待发疯的人，认为这种人是受真神"感染"才有疯癫行为。因此，这位假装疯子的科学家死罪得免、活罪难饶，被投入狱中。他在狱中获准继续进行各种研究，直至 1021

年国王逝世才获释。

从那时开始，阿尔哈森便抄写，售卖欧几里得、托雷米等希腊学者名著的阿拉伯文版本，以维持生计，而大部分时间仍用于研究工作。后来他写了一篇非常出色的论文，题目叫做《论光学》，其中谈到人的视觉原理，指出人能视物不是因眼睛发射光线到物体上，而是物体向每一个角度发出或反射的光线到眼睛里去。同时，他是历史上第一个能够解释为什么物体距离越远，便显得越细小。这项解释在今天看来，当然是简单易明的道理，但是在 17 世纪之前，并不易为人接受。由于阿尔哈森的确是一位科学先驱，思想和认识都远远超越时代，难怪当时比他落后的人都把他看成了真正的疯子。

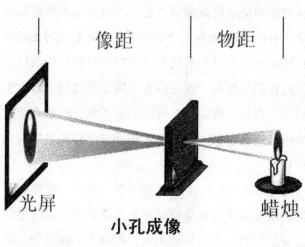

小孔成像

假如阿尔哈森有一群门生，能将他的思想观念发扬光大，那么人类的科学发展史便可能早已改写。例如，阿尔哈森证明将一件物体放在黑暗房间外面，让物体反射光线透过小孔，可在黑暗房间内的白屏幕上形成这件物体的颠倒影像，而这正是摄影术的最基本原理。但那时没有人想到将这个原理加以应用，否则照相机就可能成为中古时代埃及的一项发明了。透镜本来也有相似的利用价值，可是也无人加以利用。阿尔哈森追寻探索的范围涉及多方面的知识，这从他对阿思温大坝的远大眼光，可见一斑，不过他似乎对眼睛的研究，特别专长。他对眼球结构的描写，为后来的发明家发明透镜奠下基础。由于他对眼球结构的描述正确，1246 年他的光学论文译成拉丁文后，大部分采入标准医学书籍。今日英文中眼球水晶体一字来自拉丁文小扁豆，因为阿尔哈森当日谈到眼睛这一部分时，把水晶体形容为小扁豆状。

阿尔哈森是中古时代的科学家，其超时代又最不同凡响的一点，是喜欢引用真凭实据来证明各种假设正确无误，而并非任何时候都把阿基米德或亚里士多德等古代权威的说法奉为万应灵药。据说伽利略曾自比萨斜塔抛下轻重不一的物件，以否定亚里士多德所说重物比轻物下降较快的说法，事实上阿尔哈森做这个实验比伽利略还要早。在阿尔哈森设计用来测验其假设的许多实验中，最具有成效的也许是测验光线折射的办法。例如他将一个玻璃圆筒放进水中，测验光线透过不同密度的介质时会发生怎样的折射。他还进行了各种实验以确定透镜的放大性能，又建造了一副车床用来制造曲面透镜。

在因循守旧的文化环境中，无论宗教领袖或政治领袖都很可能排斥"危险"的新见解，因此要坚持实事求是的精神，不但需要想象力，而且需要勇气。阿尔哈森 1039 年逝世后足足 600 年内，他的科学方法，仍被许多人视作疯癫的表现。

阿尔哈森生在回教世界哲学与科学思想百家争鸣时期。穆罕默德逝世后不到 100 年，回教信徒已建立从印度伸展到西班牙的阿拉伯大帝国。虽然帝国不久便瓦解，但宗教、经济，甚至语言仍然大致统一。撒马尔罕、巴格达、开罗、托利多、柯多瓦，及其他大城市，都成了回教世界知识互通的中心。

阿拉伯人在思想上兼收并蓄，从希腊、犹太、波斯民族及信奉基督教的叙利亚人中吸收他们感兴趣的思想，以及建筑术等学问。不过他们最向往希腊哲学家亚里士多德的思想，又将古代哲学与科学著作翻译过来，供回教世界的学子阅读研究。虽然当时西班牙柯多瓦市的学府因已拥有图画 60 万册而闻名，但西欧其他地区则陷入无书可读的深渊。直至 12 世纪时，才有一位阿拉伯哲学家阿佛洛斯借个人著术，将亚里士多德的思想重新介绍到基督教徒支配的欧洲。

　　大部分回教徒接受古希腊人对自然现象的解释，只有阿尔哈森和其他几位极具慧眼的思想家质疑，据说在实验物理学和医学方面写过 250 卷书的阿维辛纳（980-1037）即其中之一。这些学者对欧洲的科学思想影响极大。今天英文中的某些数学和化学名词就是从阿拉伯语而来。氨、硼砂、硝酸和硫酸等不过是回教科学家鉴定的众多化合物中几种而已；他们的零和十进法概念演变成现代算术和数字，使我们得益不少。如果没有这些概念，就不会有现代人每天都用的阿拉伯数字了。

金字塔能量之谜

在全世界研究金字塔的浪潮中，真是一谜未解，一谜又起。说法越来越多，也愈来愈离奇，被它吸引的人也日益增加。近些年来，忽然又冒出一项所谓"新发现"，在西方接连出版了几十本洋洋洒洒的专著，上百篇的论文，成千上万人在试验、探讨，它的热潮方兴未艾。这项"新发现"就是当前蜚声欧美各国的"金字塔能"。它说的是金字塔形的构造物，其内部产生着一种无形的、特殊的能量，故称之为"金字塔能"。据说，这种能量有着许多用途和奇特的功效。

故事还得从头讲起。

20世纪40年代，一位名叫布菲的法国人来到埃及，进入胡夫金字塔参观。在胡夫墓室内，他发现一些干瘪的小动物尸体。看样子它们自己跑进来，已死去很久。室内虽然并不干燥，但尸体一点也不腐烂发臭。布菲十分纳闷，沉思了一会，突然灵机一动，他想可能是金字塔形的建筑使它们变成了木乃伊。回国后，他按胡夫金字塔千分之一的比例，用木板制作了一个缺底的小金字塔模型。他把模型按南北方向放置，在中轴线距塔底三分之一高的地方，即胡夫殡室的位置上安放了一只刚死的猫。奇怪的现象发生了。过了一些日子，死猫成了一具木乃伊。布菲又对其他的有机物进行试验，也得到了同样的结果。此后，捷克无线电工程师卡里尔·杜拜尔偶然翻阅布菲的论文集时，读到布菲用马粪纸做胡夫金字塔模型试验情况。杜拜尔心想，这种实验太容易了，不妨自己也来试试。于是，他用三毫米厚的马粪纸，按胡夫金字塔的比例，做了几个30厘米高的模型，进行第一次实验。结果他吃惊地发现，放在模型内的牛肉、羊肉鸡蛋、花朵、死青蛙、壁虎等果然变干而不腐。实验获得初步成功后，他就与

布菲通信，两人保持着经常的联系。

　　杜拜尔不断地试验，探讨模型内究竟存在什么能量。有一次，他将一把刮胡子刀片放在模型内，满以为它将变钝，但结果却相反，刀片变得更锋利，他用这把刀片刮了50次胡子。这样，他就开始研究金字塔模型对刀片的影响。他做了一个15厘米高的模型，把刀片平放在塔内距塔底三分之一高的地方，刀片的两端对准南北方向，模型本身也按南北方置。几次试验，结果雷同。一种极其简单而又神奇的磨刀片器——马粪纸的胡夫金字塔模型就这样发明了。

　　1949年，杜拜尔正式向捷克首都布拉格有关部门申请注册"法老磨刀片器"的发明权。在捷克，一般专利发明权至多3年即可批准。但这项编号为91304的发明经过了整整10年的周折，直到1959年才批下。其间，杜拜尔竭力说服专利委员会，并向委员会主席提供了一个模型。该主席亲自进行试验。最后表示这项发明确有实效，它并不是什么欺骗或魔术。与此同时，杜拜尔还探索模型磨刀片的原理。杜拜尔在一家无线电研究所工作，他可以了解当时世界上最新的科技情报。并充分利用所里的设备与仪器。他把实验扩展到收音机、雷达、宇宙线和其他射线中，研究用马粪纸这样的绝缘体制成的金字塔模型，其内部的空间产生着什么样的震荡，这种震荡又和地球磁场与刀刃之间有什么关系。最后，他得出一种假设，或称为一个定理：来自太阳的宇宙微波，通过聚集于塔内的地球磁场，活跃了模型内的震荡波，使刀片"脱水"变锋利。

　　这种特性不局限于胡夫金字塔模型，其他形状和大小的金字塔模型也能对刀片产生同样的作用。他在申请专利权的报告中说，这种磨刀片器与胡夫法老本人毫无关系。金字塔状结构物内部的空间产生着一种自动的更新运动。金字塔空间产生的能量仅仅来自宇宙和地球的引力、电场、磁场和电磁场，它通过太阳发射的混合光线中看不见的射线起作用。在塔内空间激起的这股力量，能减轻由于多次刮胡子而引起刀口内部结构出现的毛病和变钝现象，但是，这股力量的影响仅仅局限于刀口变钝，而不是刀口所受到的外形损伤。因此，这种刀片必须是用上等的钢材制造的。一把刀片通常只能使用 25～30 次，但结果每次用完后放在金字塔模型内 24 小时，那么，每次刮胡子后的钝化现象即可消除，刀片的使用寿命将会征长。

杜拜尔还说，金字塔内部的空间形状与空间内所进行的自然、化学、生物进程有关。如果我们使用某种几何图形作外形，那么这种外形就会加速或延缓它内部空间里的自然进程。这项发明虽然采用金字塔形，但其他形状的结构空间也可产生这种作用。此外，也可用其他绝缘体来制造这种结构物。为什么一定要用绝缘体呢？他解释说，微波可以穿透绝缘体，活跃模型内的震荡波，而导体则不行。

据说，杜拜尔所发明的"法老磨刀片器"在捷克商店里广泛地出售，人们习以为常地用它来磨刀片。这种磨刀片器在西欧、苏联、美国、加拿大、澳大利亚等国也很流行，杜拜尔声称，他收到几千封买主的来信，没有一人抱怨这种磨刀片器不灵的。

1970 年，杜拜尔与他人合著的《在铁幕背后的惊人发现》一书问世。书中汇集了他多年来研究"金字塔能"的全部论文。该书很快地被译成多种文字，开创了研究"金字塔能"的先河，在西方掀起了一股试验"金字塔能"的热潮。各种专业的学者和金字塔迷纷纷用马粪纸、塑料、木板、玻璃制作金字塔模型，对它的特性进行了广泛的研究。有一些国家建立了"金字塔产品公司"，专门出售大大小小的金字塔模型，供试验用。有关"金字塔能"的论文和著作大量地发表、出版。1973 年，在美国的华盛顿成立了专门收集各国研究"金字塔能"成果的征集机构。在研究"金字塔能"书籍中，比较出名的有《大金字塔的秘密》《金字塔能》《神秘的金字塔能》《金字塔的心理动力》等。这些书大多介绍用金字塔及其他形状的模型进行各种实验和各方面的"科研成果"。

一些科学家说，实验的结果表明，把肉食、蔬菜、水果、牛奶等放在金字塔模型内，可保持长期新鲜不腐，现在法国、意大利等国的一些乳制品公司已把这项实验成果运用于生产实践之中，采用金字塔形的塑料袋盛鲜牛奶。据说，比起其他的包装形式，金字塔形内的鲜牛奶存放时间最长。

把种子放在金字塔模型内，可加快出芽。断根的作物栽在模型内的土壤里，可促其继续生长。金字塔形温室里的作物，生长快，产量高。有人建议，为提高葡萄的产量，增加它的含糖量，葡萄棚应搭成金字塔形，并使葡萄茎正对南北方向，以吸收更多的地磁。

把自来水放在金字塔模型内，25小时后取出，称之为"金字塔水"。这种水在塔里所获得的能源被"禁锢"在水分子之中，它有着许多神奇的功效，可放入冰箱或其他潮湿的地方，长期贮藏，以备不时之需。用"金字塔水"泡茶、煮咖啡、冲牛奶、制作清凉饮料，味更醇；用它烧菜、熬汤，比用普通水味道更鲜美；每天喝杯"金字塔水"能健胃，助消化，医治神经紊乱；用它洗脸，可使皮肤娇嫩；它能消瘀止痛，减轻关节炎患者的痛苦，甚至治好关节炎，它对医治粉刺、黑痣、鸡眼、痛疽、疣肿等皮肤病也有一定的疗效；用"金字塔水"浇灌农作物，可促进作物的茁壮成长，提高产量；用它浇果树、蔬菜和花木、水果和蔬菜的滋味更佳，鲜花更加缤纷馥郁；摘下的鲜花如插在盛"金字塔水"的花瓶里，可推迟凋谢，延长观赏的时间。

但是，最奇妙、最引人入胜的莫过于对人体的试验了。金字塔模型成了治疗许多疾病的医疗器械和无形的灵丹妙药。假若你想在工作时消除久坐的疲劳，保持旺盛的精力，你可以在你办公室的座椅下面放一个小金字塔模型；如果晚上失眠或睡觉不踏实，就请你在床下放置一个模型，要是你的孩子夜里哭闹，扰得全家不宁，你把他放入金字塔模型内，他会立刻安然入睡；假如你患有头痛、牙痛等病痛，或者高血压、疲劳和其他不适，你最好进入金字塔模型稍坐片刻，或者睡上一觉；它能止痛、降压、恢复人体的青春活力、延年益寿，等等。

金字塔形是一种简单的几何图形，其模型的制作和试验都很简便。据介绍，可采取底边长 13 厘米，棱长 11.4 厘米，高 8 厘米或底边长 9 厘米，棱长 8.55 厘米，高 6 厘米两种比例。模型的大小可根据被试验物的情况，从 8 厘米至 3 米高。试验时一定要对准南北方面，不要把模型靠近墙壁、金属物和电器旁。

所谓的"金字塔能"究竟有没有？它是怎样产生？又是如何引出上述种种神奇的效果？为什么它正好聚集于胡夫殡室的位置上，即塔高三分之一的地方？这是巧合，还是古人已掌握了这种能源？各国的金字塔信徒们正在千方百计地寻求它的谜底。他们大多认为，"金字塔能"是当代科学还不能解释的"客观存在着的一种自然现象"。在这个前提下，有的认为金字塔形状等于一个大镜头或电容器，里面积聚着无名的能源；有的说金字塔形状能在其内部聚集着宇宙射线、磁性震荡和某些未知的射线；有的设想这种能源是由于某种宇宙的力量和地球引力相结合的产物；有的推测金字塔形内部发生一种高频震荡，影响着人体的细胞和肌肉，使之处于最佳状态；有的解释说，不仅是金字塔形状，各种形状和大小的构造物都会在其内部产生一种力场，一种能源。这种特殊的力场或与自然力场相互抵消，或增强或减弱自然力场。

多年前，法国工程师杜林在其《形状波》一书中强调指出，各种形状，如

圆锥形、球形、方形、金字塔形，都能通过宇宙射线或阳光改变其内部的宇宙波。金字塔形并不是会在其内部空间产生特殊能场的唯一形状。杜林还说，人的一生都是在各种形状的建筑物中度过的，从一种形状到另一种形状，譬如汽车、影剧院、住宅等。他主张应研究建筑物形状对人体的影响，在设计建造房屋时选择对人们健康最有益的几何图形。杜林认为球形和金字塔形的建筑物最有益于身体健康，这两种形状的病房能加速病情的好转。也有人认为圆柱状结构好处多。一些研究者认为，目前人类一生中大部分的时间是在正方形和长方形的建筑物中度过的，而这两种形状不能产生积极和特殊的能源，相反，它们可能产生某种消极的力场，阻隔和破坏了周围有利于人类的自然力场。他们呼吁建筑师们认真考虑，在设计住房、办公室、病房等建筑时，改变因循守旧的传统的正方形和长方形形式，使人类得以在更符合身体健康、令人充满活力的建筑形状中工作和生活。

"超流" 之谜

我们都知道，水往低处流，其他液体也是往低处流。但是在一种称为超流的现象中，液体不仅往低处流，也往高处流。把超流液体放入杯内，会沿着杯壁向上走，又从外壁流下来，好像给杯子内外壁贴上一层薄膜。奇怪的是，就是给杯子盖上盖子，照样会流出来。

在超低温环境下的液体表现出来的这种神秘超流现象是苏联物理学家卡皮察发现的。

1938 年，卡皮察发现当温度从-269℃下降到-271℃时，液态氦变成了一种从未见到过的液体，这就是"氦Ⅱ"。"氦Ⅱ"的黏滞性只有水黏滞性的十亿分之一，它很容易从直径只有几分之一微米的毛细管中通过。这种超流动性，物理学家叫做"超流"。

卡皮察发现在-271℃和-272℃时，"氦Ⅱ"没有摩擦力，也没有黏滞性，没有表面张力，能顺利地通过万分之一厘米的微孔，如果把它装在没有上釉的陶罐里，它就从微孔中流走。这时候的陶罐，是过滤器，而不是盛装器了。

超流之奇不仅如此，还有与其他液体不一样的地方。例如水，把它装在水桶里，水桶转动水也跟着转动，我们只要在转动的水桶里放一张彩色纸，就可以很容易地看到这一现象。"氦Ⅱ"却与此大不一样，把它装在一个容器里，它不会随容器转动而转动。如果在"氦Ⅱ"的液面上放一根指针，让指针指向北极，无论怎么转动，指针始终指向北极方向，也就是说，"氦Ⅱ"不随容器转动而转动。

超流的另一个奇特现象是喷泉效应。在一个容器中放些"氦Ⅱ"，再放一

个类似眼药瓶的管子，管口很细，管口装满了黑色的金刚砂粒，金刚砂很细很细，用棉花塞堵紧。然后用手电筒的光照射，黑色金刚砂吸收热，温度稍稍提高。这时，"氦Ⅱ"就涌出"眼药瓶"，从管口向高处喷射，足有30厘米高。

那么，液体为什么会往高处流？迄今众说纷纭。揭开"超流"之谜，是21世纪物理学家的一项重要任务。

运转 50 万年的核反应堆之谜

据最新资料表明，月球外有一颗巨大的卫星，不是人造的，它的来历尚没查明。

在 1989 年的一次记者招待会上，苏联宇宙专家马斯·捷诺华博士在日内瓦透露了这个惊人的消息："这枚卫星是 1988 年底出现在地球轨道上的。"

一连串的调查表明，美国、苏联、法国、德国、中国、日本及地球上任何有能力发射卫星的国家都"从未将它送上天"。

这位苏联专家推断认为，最后只剩下一种可能，就是这颗卫星来自外太空的某一个未知的星球。

根据已经掌握的资料，那颗卫星体积异常巨大，并且装有十分先进的探测仪器。它似乎有能力扫描和分析地球上的每样东西。马斯·捷诺华博士说："很明显，这个卫星飞行了很长的路程才来到地球，事实上它的设计已经说明这点。虽然这只是初步的调查结果，但我敢说它至少已制成 5 万年之久！"

在哥伦比亚的国家银行里，至今还保存着一个奇怪的金玩

物。它的制作时间恰好与葬在帕伦克金字塔中的酋长活着的年代相吻合。这是个用黄金铸出来的玩物，乍看像一条鱼或某种昆虫，在其尾部却有个类似飞机尾翼的垂直平面。据航空学家和生物学家鉴定，它不是某种生物塑像，而是一种飞机模型，它的外形与现代的垂直起飞喷气式战斗机相似。更令人惊奇的是，把这个东西放进风洞里试验，它会像飞机一样飞起来，而且性能极好。由于当时技术不发达，根本造不出这具有高度文明的黄金玩物来，因此有人推测，这可能是天外来人带来的某种玩具，被遗留在地球上的。

1900 年，一些捞海绵的渔民在公元前 1 世纪沉没的希腊古船中发现一些奇怪的金属片。这只船沉没在 60 米深的水下。这些金属片如今陈列在雅典国立考古博物馆内。从外表看，这是些铜质机械零件的残片。考古学家瓦勒里奥斯·斯泰斯在 1959 年将这些碎片组合起来，发现竟是一个十分精密复杂的齿轮装置，有 3 个轴，40 个齿轮，其中有一个主齿轮竟有 230 个牙齿和 9 个大小有序的刻度。科学家研究的结果表明，这是一个计算月亮和星星位置的仪器。整个器械的大小跟一台手提式打字机相仿。公元前 1 世纪的希腊无制作这台精密仪器的工具，查遍古籍也没有找到有关这台先进仪器的记载。为何找不到它的先例和后来的仿制品呢？

在雅典国立考古博物馆内，还有一块水晶透镜，英国大英博物馆里也有一块从埃及赫勒万一座墓内出土的水晶透镜。这两块东西是"机械打磨过的"，土耳其伊斯坦布尔和洪都拉斯也都出土过此类物品。那么，是谁在古代用机械磨光了这些水晶的呢？

美国纽约艺术馆里有一尊人像，高 17 厘米，用红色岩石雕成，距今起码有 2 千多年。石像是个类人生命体，与迄今查明的任何人种都不同。此外，在中美和南美还发现了另一些雕像，人身鱼头像是其中一类。这些人像到处都有发现，巨型脑袋是它们的共同特点。

1972 年 6 月的一天，法国一家工厂发现，从加蓬共和国奥克洛铀矿运来的矿石中，铀-238 的含量明显偏低，最低的不到 0.3%，其余的到哪儿去了呢？

科学家们在矿石中找到了铀-238 的"灰烬"——裂变后的产物。经初步推断，这批矿石好像被人用过。

为了弄个究竟，科学家们奔赴奥克洛矿区考察。在那里他们发现了一个古老的、但是非常完整的、早已停止运转的核反应堆。科学家们称这里的矿石为反应堆的"化石"。

据鉴定，奥克洛铀矿的成矿年代大约在 20 亿年前。反应堆由 6 个区域的 500 吨铀矿石组成。奥克洛铀矿不久即开始运转，输出功率只有 10～100 千瓦，但运转时间长达 50 万年。

这座反应堆是谁建造的呢？是地球人吗？不是。因为在史前时代，地球上根本没有人。是大自然的杰作吗？也不是！因为，要实现链裂变反应条件十分苛刻，并不容易。

富于幻想的人提出了另一种解释：在 20 亿年前，外星人来到了地球。他们在地球上进行了大规模的开采工作，建造了核反应堆，以保障能源的供给。后来，由于某种原因，外星人放弃了在地球的开采工作，回到了他们的"家乡"，而把核反应堆当做"纪念品"留在地球上。

到目前为止，奥克洛核反应堆的谜底仍未揭晓。尽管有许多科学家对这个问题极感兴趣，但由于年代久远，可供研究的东西不多，也许它将永远是一个谜。

元素周期律的发现

世界上的物质形形色色，各种各样，但是构成这大千物质世界的基本微粒——元素却不多，目前已知的也只不过百余种。科学家们把这一百多种元素，按照它们的原子核所带的电荷的多少（即原子序数）依次由少到多进行排列，并把性质相似元素排在一起，这样就得到了一个表，这个表就叫元素周期表。

元素周期表揭示了元素之间内在的本质规律，它是科学家们研究化学的指南。

1. 探索元素的规律

元素周期律的发现和其他规律的发现一样，也是经历了一个艰难的历程。

在 18 世纪中叶到 19 世纪中叶的 100 年间，每两年半才有一种新元素问世。到 1869 年，科学家共发现了 63 种新元素，积累了许多关于这些新元素性质的研究资料。但是这些资料却是杂乱无章的，搞得科学家们眼花缭乱。其实早在 19 世纪初，

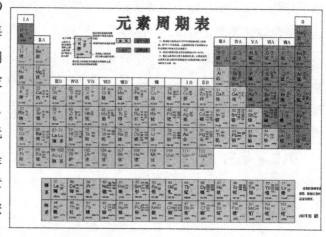

当陆续发现近 40 种元素的时候，科学家们就在思考：自然界中究竟有多少种元素？元素与元素之间究竟有什么内在联系？化学家们依照各种各样的方式进行排列组合。比较典型的有：1829 年德国的化学教授多贝赖因纳提出的"三元素

组”，它是把性质相似的 3 个元素归成一组；1864 年德国人 J．L．迈尔提出的“六元素表”，把 6 个元素归为一组；1862 年法国矿物学教授陈库图瓦提出的“螺旋图”，按原子量把元素排成螺旋状；1865 年英国人纽兰兹提出的“八音律”，在发现每 8 个元素就出现性质相似的元素的基础上提出的。自 19 世纪，人们就开始归纳总结元素知识，试图从中找出规律。在 1869 年以前的这种探索有几十起之多，从“三元素”到“八音律”一步一步向真理逼近，为周期律的发现开辟了道路。

2. 门捷列夫的发现

俄罗斯化学家门捷列夫也投身于元素规律的探索之中。门捷列夫于 1834 年 2 月 7 日出生于托波尔斯克的中学教师家庭，自幼丧父，他是在他姐夫的启迪下爱上科学的。门捷列夫一生在化学上的贡献很多，其最主要的贡献就是发现了元素周期律。

1865 年，门捷列夫在彼得堡大学教授无机化学。当他准备着手编写无机化学教科书《化学原理》时，面对那些杂乱无章的元素，他不知如何排列为好。于是他便停止了教科书的编写，开始探索元素世界的奥秘。他对前人所做的大量实验事实进行验证、分析和概括，而后细细地思索，寻找其中的规律。整天满脑子的化学元素搅得他寝食不安，然而几年过去仍无头绪。

门捷列夫爱玩纸牌，1868 年的冬天，他别出心裁地想到把已知的 63 种元素制成纸牌来“玩一玩”，看能否找出什么规律来。于是他剪出了 63 张大小相同的卡片，他在每张卡片写上一种元素的名称、符号、原子量和主要性质。每个元素一张卡片，共 63 张，好像一副扑克牌。于是，他摆弄起这副特殊的扑克牌来。

开始，他按照元素的颜色排列卡片、比较各个元素，希望能找出它们相互之间的联系，但很快他就发现这行不通，因为任何元素在温度改变时都能发生状态的转变，而且有许多元素在状态不同的情况下，颜色并不相同。他又想去比较各种元素的比重，但是他发现，比重和元素的某些其他性质如导电性、导热性一样，都不是元素的根本性质，它们都会随条件变化而变化。就这样，他一连拨弄了三天三夜，仍然什么结果也没有。他又回过头来认真研究前人所做的工作、所积累的资料，总结失败的教训。

在研究的过程中，他发现原子量是永久伴随着元素而又始终不变的量。他把元素扑克牌按原子量大小进行排列，惊奇地发现有几处都是每隔 7 个元素又出现一个与这个元素性质十分相似的元素。于是按照这一启示，门捷列夫又进一步思考和探索，终于发现元素的性质是按原子量的大小在做周期性的重复。这就是著名的元素周期律的最初发现。

3. 严峻的考验

但是，门捷列夫的这一发现，当时并没有使他出名，引来的却是人们的冷嘲热讽。1869 年 3 月，俄罗斯化学会邀请各方专家进行专门学术讨论。会上门捷列夫仍然使用那副奇特的扑克牌向专家们演示了他的发现。不过这一次他给性质相似的元素的扑克牌上涂上相同的颜色，这样性质不同地依次被涂成红、橙、黄、绿、青、蓝、紫七种颜色。当这 63 种元素扑克牌按原子量大小排成一条线时，七种颜色就像画出的光谱一样，每隔 7 张就有规律地重复一次。当门捷列夫把它们一截一截断开，相同颜色的上下对齐时，就能看出颜色相同的一列元素性质相似，非常直观地显示出元素的周期性变化。

可是到会的专家教授们大都在这个问题上钻研了若干年，手上也不知被实验烧了多少疤，掉了多少皮，怎能接受一个青年人用"扑克牌"作的见解。有的人当场刁难门捷列夫，问道："门捷列夫先生，我看你那几张牌也未必就能将元素的规律演示清楚。你看六年前发现的元素铟，原子量是 75.4，应排在砷和硒之间，可是这种砷就无法和它相似的磷排在一列了，硒也被挤出了硫那一列，这还算什么规律？"

对这一问题门捷列夫早已思考过，他胸有成竹地说："我看铟的原子量很可

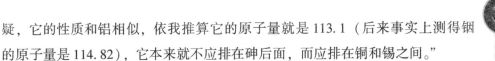

疑，它的性质和铝相似，依我推算它的原子量就是 113.1（后来事实上测得铟的原子量是 114.82），它本来就不应排在砷后面，而应排在铜和锡之间。"

这时一位寿眉双垂、银须齐胸的长者发火了，他是门捷列夫的老师齐宁。过去他一直很赏识门捷列夫的才华，此时却蛮横地斥责道："赶快收起你这一套，身为教授、科学家，不在实验室做实验，却异想天开，摆摆纸牌就想发现什么规律。这些元素难道就任你这样摆布吗？"门捷列夫见状，只好委屈地收起纸牌告退了。

门捷列夫回到家里继续摆弄着他那副纸牌。在对那些与铟的情况类似，而其原子量和其他元素接近而性质却不相似的元素排列时，他就预见可能有什么元素的原子量不准确。这样，他共改正了铟、铍、钛、铈、铀、铂等元素的原子量。后来这些都得到了验证。

他在研究砷元素时，发现按原子量，砷应排在锌之后，性质和铅相似，但事实上它的性质却和磷相似。他在验证了砷的原子量正确之后，心想：既然元素是一个一个被发现的，那么就应该给未被发现的元素保留一席之地。他大胆地预见在锌和砷之间，应该还有两个元素，他把它们称为"类铝""类硅"元素。像这样他共预见了"类硼"等 11 个元素的存在。

在考虑了某些元素的原子量有错误和某些未被发现的元素之后，门捷列夫又重新把元素按原子量的大小排列，性质相似的元素上下对齐。这时元素周期性变化的规律更加明显。可是当他把这一新的元素排列表公布之后，带给门捷列夫的是更为激烈的冷嘲热讽，有些权威一口否定了门捷列夫的发现。但真理终归是真理，真金不怕火炼，事实胜于雄辩。

1875 年的一天，当门捷列夫正在品酒赏书时，他突然发现一则消息：法国科学院宣布布瓦博德明在 1875 年 9 月发现了一种新元素——镓。喜得他酒杯扔出了老远，大声呼喊："这不就是我预见的那'类铝'元素吗？"

于是他立即提笔给布瓦博德明写了一封短信："先生，您发现的镓，就是我 5 年前预言的'类铝'，只是它的比重应该是 5.9，而您却测的是 4.7，请您再做一次实验，我想大概是您的新物质还不够纯的缘故吧。"

布瓦博德明接到门捷列夫的这封信感到很奇怪，全世界就只有他拥有这么

一点镓，这个俄国人怎么能知道它的比重应是 5.9 呢？于是他半信半疑，立即将仅有的 1.15g 镓经过提纯重新实验，结果发现镓的比重果然是 5.94。他给门捷列夫回信道："尊敬的门捷列夫先生，祝贺您的胜利，我能说什么呢？我的实验和发现，只不过是您元素周期律的一个小注解。这是您元素周期律的伟大之所在的最好例证。"

这下，门捷列夫的元素周期律在科学界才引起了极大的震动，连同他的老师齐宁也亲自登门谢罪，称赞门捷列夫是俄国人的骄傲，是科学界的骄傲。

1879 年瑞典人尼尔逊发现了钪，经过测定它就是门捷列夫预言的"类硼"。1886 年德国人温克勒尔发现的锗就是门捷列夫预言的"类硅"，还有他预言的 11 种元素中的其他元素后来也相继被发现，都恰如其分地进入到了门捷列夫为它们安排的位置。特别是氦、氖、氩、氪、氙、氡的发现又给元素周期律增添了新的一族。至此，元素周期表更加完善了。

1913 年，英国科学家摩斯莱在研究 X 射线波长和对阴极不同元素材料的关系时，提出原子序数的概念，原子序数等于元素的核电荷数，又等于元素的质子数。三年后，德国化学家把原子序数引入元素周期表中，元素的周期律才变成了现在的定义：元素的性质随着元素的核电荷数的递增呈周期性的变化。

元素周期律的发现，促使了无机化学研究的兴起，对后来整个化学的发展起了巨大的作用。门捷列夫为化学的发展做出了巨大的贡献。1955 年，化学家们为了纪念门捷夫的伟大功绩，把 101 号元素命名钔。

物质到底存在着几种状态

初提这个问题，人们也许会十分肯定地回答，物质存在有三态，即气态、液态、固态。这种认识理所当然地是正确的，因为我们从接触化学、物理的那天起，就是这么学的。

对于这三种状态我们不妨先复习一下，在气态中，组成气体的原子或分子的能量非常高，各个分离的分子间的引力较低，以致各个分子可以独立地进行不规则的运动。如果分子或原子的能量降低到某点，那么分子就不能再保持其独立性而相互之间开始发生关联，但此时尚有足够的能量可供给分子进行运动，使分子在其他分子之间流动，这就是液体。假使分子的能量进一步降低到某一点时，分子之间的联系更加紧密，各个分离的分子不能互相流动，而被固定到了某个位置上，这时我们就称之为固态。

物质的这三种存在形式为我们提供了空气、水和生活的陆地。然而，随着科学的不断发展，人们渐渐地发现，物质好像并不是严格地按照这三种状态存在着，在它们之外，还有着其他存在的形式。那么这些都是什么呢？

随着高科技的发展，人们对于物质的其他存在形式的认识越来越清楚了。到了今天，终于有科学家提出，物质还存在着另外四种形式，即等离子态、超高压态、辐射场态、超离子态。

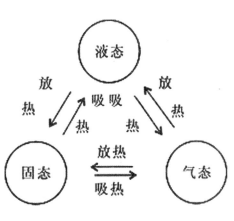

物态的变化

等离子态：当温度升高到数百万度或更高时，物质组成的基本单元——原子的核外电子，就会全部变成游离状态，此时气体就成为自由电子和裸露的原子核的混合物了。根据科学家的研究认为，在一定的超高温的条件下，任何物质都有可能成为等离子态。例如水银灯中、雷雨天的闪电里都有这种等离子态存在。目前，等离子态已被广泛地应用于高能物理研究、激光、核聚变等。

超高压态：如果对于某种物质施加几百万个大气压时，其物质中原子核的核外电子就会被压变形，使带负电的电子和带正电的原子核压在一起，这样物质就会变得结构十分密集。其密度大得惊人，每立方厘米的超固态物质，可达几万吨。天文学家是最早的超高压态的发现者，他们通过对宇宙中的矮星、中子星等观察，推测这些星球的密度就处于这种超高压态。目前，这种超高压态的物质在我们地球上也成功地被制造，由于其密度极大而十分坚硬，通常用于钻探、切割等方面。对于超离子态、辐射场态目前了解得还很少，至于它们将会为人类带来什么样的影响，我们暂时无法预知。在我们对物质之态有所了解之后，又发现了这几种物质存在形式，那么物质是否还有其他的存在形式呢？只能由未来科学告诉我们了。

金属陶瓷的奥秘

当今时代是一个高科技飞速发展的时代，人们习惯了快节奏的生活，以至一些交通工具也在向着提高速度的方面发展。高速列车、气垫船、超音速飞机等，这些高科技发展的产物，为人类的生活提供了极为便利的条件。

世界上的超音速客机可达到音速的3倍，而在军事上应用的超音速战斗机可为音速的8倍。这些飞机速度的提高一是减少了助力，二是增强了发动机的性能。我们知道，飞行器的高速运动均是由自身所携带的燃料燃烧产生的巨大热能，进而转化为动能的，因此该发动机的性能优劣，直接关系到飞行器的飞行性能。这在汽车、火车、轮船上也是同样的。

据专家们测定，当飞行器高速飞行时，其发动机喷出的热量高达5000℃，我们知道，太阳表面的温度也不过6000℃左右。什么物质能够在这种高温下不被融化呢？钢铁是远远达不到的，合金钢与之也有一定的距离，于是人们想到陶瓷，陶瓷在这些材料中，

耐高温的能力是最强的了，但是陶瓷却有一个致命的弱点，就是太脆弱了，它能耐得起高温，却受不了高压。

　　科学家们在努力研究中终于发现，当在陶瓷中加入一些金属细粉，这样生产出的陶瓷不仅具有极高的耐高温性能，而且大大提高了陶瓷的韧性，这种陶瓷与金属的混合物，就是当今在航空动力学研究中极为受宠的金属陶瓷。

　　金属陶瓷是由金属和陶瓷原料制成的，既有金属的优点，也有陶瓷的特性，由于其具有高韧性、高硬度、高抗氧化性，因而在火箭、高速飞行器中备受推崇。最常用于制造金属陶瓷的金属原料为铁、镍、铬、钴等，而最常用的陶瓷原料为氧化物、硅化物、硼化物、碳化物和氮化物等。金属陶瓷的生产也较为简单，烧制方法同陶瓷一样，只是将金属粉末物质混入陶瓷土中，根据要求制作出不同形状的东西。

　　我们会有过这种感觉，当你将酒精涂在手上，不一会儿感到特别凉爽，如果有人发高烧而采用药物降温无效时，我们会想到用酒精来擦浴全身，其目的就是为了散热。金属陶瓷也是这个道理，在火箭的发动机达到最高转数时，产生大量的热，这种高温则使陶瓷中的金属物质挥发了，从而陶瓷的温度也随之下降。待陶瓷中的金属完全挥发掉后，这一部分的发动机则已完成了其工作使命，随着控制指令而脱离火箭，同时下一级火箭的发动机被点燃，新的工作程序又开始了。我们通常所说的多级火箭，就是根据这个原理制造的。

另外金属陶瓷具有极高的抗腐蚀性。因而在原子反应堆中，能够抵抗液态金属钠的侵蚀，成为原子反应正常进行的保护神。

　　金属陶瓷虽然问世时间不长，但是由于其自身的极特殊的性能，格外受到人们的重视，尤其是在航空、航天领域，金属陶瓷真可谓"少年老成"。然而，科学家们更为感兴趣的不仅是它的优秀品质，而是它们这种优秀品质的来源。有人推测陶瓷中加入金属后表现出的特性，不能单单用金属在高温下挥发降温来解释，在金属陶瓷的制作中，其本身是否已经发生了某些化学反应而使之变成具有这种特性的新物质，那么这种陶瓷与金属到底发生了哪些反应，我们尚无法判断。而对于那种单纯金属挥发的解释，也有一定的可疑之处，这些还有待于今后的研究方能证实。

金刚石成因之谜

被视为"矿石骄子""宝石之王"的金刚石，其非凡的性质是大自然万事万物中最完美的象征；其晶莹剔透的外表，迷人亮丽的光泽令人们赞叹不已。

然而，金刚石的化学成分，以及它的出处，一直是科学界长期争论不休的问题。

古希腊大哲学家培多克利斯认为金刚石是由 4 种元素（土、气、水、火）组成的；而按照印度科学家的说法，它由 5 种要素组成，即土、水、天、气和能。1704 年，牛顿对此作了系统的研究，指出金刚石具有可燃性。而罗蒙诺索夫更预言，金刚石之所以坚硬——乃是由于"它是由紧密联结的质点组合成的"。

直到 1796 年，英国化学家耐特才真正作出金刚石是纯净的碳的结论。

至于金刚石来自何方，在科学界更具争议。

起初人们大多认为金刚石来自地下的矿石，因为早期的金刚石多采自砂矿床。1870 年在南非开普省北部找到了世界上第一个原生金刚石矿床，该地即以当时英国殖民大臣金伯利勋爵的名字来命名，这就是后来的金伯利城。地质学家在矿区发现，金刚石的成矿母岩是一种形状特殊的矿物成分，人们称他为金伯利岩，它最早是由英国人路易斯在 1887 年提出的。

后来，人们在世界各地相继发现了一些在性状和矿物组成等方面与金伯利岩相似的岩体，并且认识到金伯利岩是原生金刚石矿床的唯一成岩母矿。这是一种基质不含长石的偏碱性超基性岩，主要成分为橄榄石，多具角砾状或斑状结构，角陈云母榄岩，岩体通常呈漏差别形的岩筒（又名岩管或火山颈）或脉状岩石。根据金伯利岩所含的高压矿物推测，金伯利岩浆形成于上地幔，在高压条件下沿着地壳的深入断裂向上运移。由于它饱含高压气体（水及二氧化碳等），当上升而压力骤减时，体积迅速膨胀，在地下产生火山爆发。爆发后岩浆胶结碎屑物质充填火山颈，遂形成金伯利岩筒。

现在大部分人确信，金刚石就是由金伯利岩本身所含的游离碳，在剧烈上升和发生爆炸的整个岩浆活动过程中，也就是在高温高压条件下结晶形成的。人类在实验室中，利用极高的温度和压力，已经能成批量生产出人造金刚石。苏联科学院地球化学实验室采用同位素分析方法证明，金刚石不仅能在150千米以下的地幔上生成，也能在地下10千米的地壳里生成。岩浆通过地壳上部岩管时，通道出现狭窄的小孔，由于这一缩颈现象，压力会突然从不超过2万大气压猛增到100万大气压，这样，岩浆碳就会变成金刚石。

美国佐治亚大学的加迪尼等人，在20世纪70—80年代测定了美国阿肯色州金刚石的气-液包裹体，竟然发现其中含有类石油的烃类物质（即由碳和氢构成的有机化合物），如甲烷、乙烯。甲醇、乙醇等。在其中平均每克金刚石的含油气量约$3.3×10^{-5}$克。因而，他们认为金刚石的形成与地球深部的烃源有关。

100℃的水不沸腾之谜

炉子上放一口烧水的锅，盛一些水，再用小奶锅盛一点水，让它漂在大锅里。从锅底给锅加热，大锅里的水沸腾了，小奶锅里的水却不沸腾。做实验的时候，注意使小奶锅一直停在大锅中心，延长加热的时间，奶锅里的水也不沸腾。

这是为什么？

沸腾是液体的一种汽化现象。液体汽化的时候，都要吸收热量。

大锅放在炉火上，炉火的温度比100℃高得多，锅内的水升高到100℃以后，炉火仍不断把热传导给水，使大锅里的水不断汽化，不断沸腾。

奶锅放在水中，只能从水中得到热。大锅里的水温度升高，奶锅里的水温度也跟着升高，大锅的水达到100℃，奶锅里的水也达到了100℃。可是，大锅里的水沸腾以后，温度不再升高，始终停留在100℃。我们知道，两个物体的温度相同，它们之间是不会发生热传递的。现在，奶锅里的水和大锅里的水都达到100℃，奶锅里的水不能再从大锅里的水吸收热量，就不会沸腾。

如果奶锅底与大锅底接触，由于炉火的温度比100℃高，因此奶锅里的水可以通过金属从炉火中吸收热量，奶锅里的水就会沸腾起来。

极光之谜

在我国东北的黑龙江北部，有时在万籁俱寂的夜晚，茫茫天穹中，蓦然出现一片红色绒幕。正当人们惊疑之际，它又突然变成一片蓝色草地。时而似蟒蛇游动；时而似骏马奔驰；或者像山间燃起巨火；刀光剑影，旌旗变幻；或者像天神睁开了慧眼，光焰喷射，窥视人间……人们把这种在夜晚天空中出现的光怪陆离的奇景，称为极光。

1982 年 6 月 18 日晚 10 时左右，在我国黑龙江和吉林西部以及内蒙古和河北北部地区，有人看见了这样一种极光。在北面天空离地平线不远处，先出现了一个月亮大小的半圆形乳白色光片，随后，光片呈扇形向东北方向逐渐扩大。约 10 时 15 分时，形成弧形光幕，边缘较亮，中部较暗，光幕内看不见星星。然后，弧形光幕继续扩大，亮度变暗，10 时 30 分时光幕最大，约占天空 1/5，而光幕内星星已能看见。大约 10 时 50 分，光幕大部分消失。大约 10 时 58 分，光幕全部消失。

极光在世界其他一些地方也出现过。在北半球能看见极光机会最多的区域是美国阿拉斯加北部、加拿大北部、冰岛北部，挪威北部、新西伯利亚群岛南部。相比之下，我国黑龙江北部能见到极光机会比上述地区少，并且主要是在三月、九月份左右，也即在春分和秋分前后才有。

极光是地球上最壮观的自然现象之一，但又具有强大的破坏力。极光爆发期间，严重骚扰电离层，从而破坏短波无线电信号的传播，这时通讯、交通都会带来严重的影响。例如在美国，一个远在阿拉斯加的出租车司机，在极光强烈活动之际，竟收到来自本土东部的新泽西州调度员的命令；同时，监视横跨极地飞行器的预警雷达屏幕上，也可能突然出现虚假的图像，因而报警。同时，

极光不断变化可能会在输电线、电话线和输油管道等细长的导体中感生出强大的电流。受感生电流冲击，输油管道可能会发生严重的腐蚀。1972 年，一次极光使哥伦比亚的一台 23 万伏变压器炸毁，还造成美国缅因州至德克萨斯州的一条高压输电线跳闸。

那绚丽多彩、威力无比的极光是怎样形成的呢？以往，科学家们一般认为：来自太阳的高能带电粒子，到达地球附近空间，一旦被地球捕捉，则受到地球磁场的控制，沿磁力线朝地磁极作螺旋下降，再与那里低密度的高层大气碰撞而放电发光。或者太阳出现黑子、耀斑、日珥等，组成太阳的物质还不断发生强烈的核反应，释放出大量的能量；太阳就向宇宙空间喷射出大量带电粒子，如质子、电子等，这些带电粒子像来自太阳的一股飓风（俗称"太阳风"），冲入地球范围后，由于地磁场的作用，它们便集中降落到南北地磁极附近的高空，高空大气中的各种气体原子、分子受到这些带电粒子的激发，便造成发光现象。那么，根据这种解释，极光就应该在磁极上空以某种"辉点"那样的形式出现。但是，情况却不是这样。极光并没有呈"辉点"的表现形式，而是在极区上空呈不规则的椭圆带幻象。这种情况不禁使人们对以往的一般解释产生了怀疑。究竟是怎么回事，还有待人们继续研究。

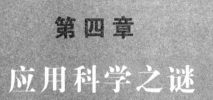

第四章

应用科学之谜

电冰箱的发明

1561 年，英国的哲学家弗朗西斯·培根在一个偶然的机会里发现，鸡肉埋在冰雪里不会腐烂，他觉得这种现象很值得做进一步研究，很有实用价值。于是，他便怀着浓厚的兴趣，开始对冰的作用进行探索。

1626 年，一个半埋在地下的冰库被培根建好，他购买了大量的天然冰块贮藏在那里，出入冰库观察冰冻的情况和鸡肉的变化成了培根每天都要进行的工作。在没有仪器和缺乏防护设备的工作中，培根历尽艰难困苦，十分劳累。不幸的是他因为着凉转为肺炎，不治而终，离开了人间。

18 世纪，欧洲的工业革命爆发了。人口过度地集中于大城市，这使得粮食和食品供应方面发生了很大困难，主要的问题是食品因存放时间过长和气温过高而变质。这些食物如何完善贮存，成为了当时一个亟待解决的问题。

直到 1873 年，世界上第一部冷冻机才由德国化学家林德制成了。它是利用液态氨的工作原理来进行制造的。当液态的氯从一小孔中喷出后，立即开始蒸发，大量的热在这个过程中被夺取，这样机械内部的温度也随之大幅度降低，从而完成了制冷工作。

1920 年，冷冻机启发了美国工程师科普兰。他用氟利昂首创了小型的家用电冰箱。可是氟利昂有负面影响，它会破坏大气中的臭氧层，所以必须在严密的系统中循环，不能有一点渗漏，来不得半点马虎！这很让科学家和用户伤脑筋。

氟利昂对环保的负面作用引起世界各国政府的高度重视。1987 年 9 月，全世界有 30 多个国家在加拿大蒙特利尔签署了议定书，其内容就是控制氟利昂的使用量。科学家们正在研制氟利昂的代用品，现在商店里就能买到无氟的冰箱。这是科学家潜心研究的结果。

随着科学技术的发展，冰箱的品种也越来越丰富，功能越来越齐全，更加经济环保的冰箱定会受更多人的欢迎。

利用海水灌溉农作物

由于海水的含盐量高，淡化费用极其昂贵，在农业灌溉中极少利用。经过科学家们的多年苦心研究，一些国家在利用海水灌溉农作物方面已取得了一些进展。

一直以来，人们都用淡水灌溉白菜、甜菜等作物，后来，意大利的专家想能不能用海水来代替淡水灌溉呢？结果发现有的作物的长势用海水比用淡水灌溉更好，并且甜菜的含糖量增加。另外一个例子是，日本用海水灌溉苜蓿，产量也大大增加了。

进行了10多年野外考察研究的美国亚利桑那大学的科研人员选取出一种名叫斯欧斯的品种，这是从1000多种靠海水灌溉的沿海野生植物中挑选出来的。这种植物生长快，经海水长期浸泡的根系极为发达，又经得起海浪冲击。该植物不可直接食用，但其果实可加工成类似麦片的主食。在墨西哥和阿联酋，美国科学家正对它进行大面积的种植研究，并考虑进一步推广。

海水灌溉为什么能使作物长势良好？这是因为海水中含有的化学元素种类较多，且含量较高，淡水中所含物质元素比起海水来，显然是少得可怜。海水中含有的植物生长所必需的氮、磷、钾等元素显然比淡水丰富。另外，海水中还含有淡水中缺乏但植物需要的其他元素。科学家测定出海水中含有 80 多种元素。海水中的浮游生物及动物尸体和排泄物还可转化为有机肥料。所以，农田在经过海水灌溉后，农作物的生长更加好。

随着研究的不断深化和发展，我们相信科学家们定能找出利用海水灌溉农作物的更好方法，从而有效缓解水资源紧缺问题，为人类造福。

人造丝的发明

养蚕织布在中国已有4600多年的历史。相传是由黄帝的妃子嫘祖发明的。有一次，嫘祖在野外游玩，一株桑树上的蚕吸引了她，她就在旁边仔细观察，发现那只蚕用吐出来的丝将自己缠起来，结成了一个白色的茧。嫘祖发现蚕茧又滑又软，就萌发了用蚕茧抽丝织布的念头。于是，她在家里植桑养蚕，渐渐地越养越多，然后让蚕吐丝结茧。开始时，她因经常弄断茧丝而抽不出好丝，试验了几次后发现用热水烫过再抽更理想。嫘祖抽出好的蚕丝，又将丝纺成丝线，织成绸布，做成了轻盈柔软的衣服。

后来，养蚕织布渐渐地从宫廷传到了民间，古代中国的丝绸业有了很大发展。汉武帝时，开辟了通往西方的"丝绸之路"，将丝绸传到了中西亚和印度等地。可是，随着社会的发展，人们的穿着要求越来越高，于是科学家们想发明一种能替代蚕丝的人造丝。

法国的生物学家夏尔多内解决了这一问题。桑叶的主要成分是纤维素，既然蚕吃了桑叶后能吐出丝来，那么，以纤维素作为原料应该有制造出"人造丝"的可能。经过研究，他发现酒精和乙醚的混合液，可以溶解纤维素，变成黏稠的液体。于是，他用特制的机器代替吐丝的蚕，从一个只有0.1毫米的细孔中挤出这种液体，抽拉成丝，干燥后便成了人造丝。

屈伸自如的混凝土

1988年2月，一个高级水泥材料研究中心在美国伊利诺伊州西北大学成立了。研究新型耐扭折的水泥是这个研究中心的一项重要任务。有一天研究员沙阿外出办事时遇到了可怕的大风，狂风肆虐中，唯有柳树顺风弯曲着，躲过了被折断的厄运。沙阿想顺风弯腰树木能不被折断，那为什么不能制造出能屈能弯的混凝土呢？同事们都很支持沙阿这个看似很荒唐的想法，他们正式开始了这项研究"宁弯不折"的混凝土的工作。

混凝土只有硬度而缺乏韧性，因为表面上看起来完好的混凝土，其内部到处是小孔洞。仔细观察后，沙阿提出了一个治疗这种小孔洞的解决方法，即在水泥中加入10%至15%的聚丙烯纤维以及铁粉、玻璃粉，然后充分搅拌，最后将这些纤维和混凝土从一个漏斗形的装置

中挤过去，这样小孔洞便基本上消除了。接着，再将混入纤维的混凝土放在真空室内抽出残余气体，并再次加压，从而更彻底地消除混凝土的小孔洞。

实验证明，按这两位科学家的设计方案研制成的混凝土样品能像蛇爬行一样，能屈能伸，不再是从前那种"宁折不弯"的倔强性格。科学家鉴定出这种

新型混凝土的抗弯性能是普通混凝土的 100 倍，而且强度也提高了 4 倍。例如，用这种新方法制成的混凝土板仅需 2.54 厘米厚，就相当于 30 厘米厚的普通混凝土板的强度。这种能屈能伸的混凝土的强度和弯曲性能非常高，主要是因为在混凝土中加入了纤维。这些纤维可以防止混凝土的裂缝扩大。即使是已出现了裂缝，也能经过牵拉而将之弥合在一起，从而提高了强度。

用能屈能伸的混泥土制作楼房的预制板可大大减轻重量，并能抗御地震。随着这种混泥土性能的不断改进，它将拥有越来越广泛的发展前景，应用也必将越来越广。

免耕法与沙尘暴的关联

美国政府大力提倡免耕法，那里的玉米栽培已有一半面积采用了这种方法。而在加拿大，法律明文规定废除铧式犁，以保证免耕法的实施。日本、伊朗、菲律宾等国家，他们普遍采用的推广免耕法的方法是用立法的形式来树立其权威性。这一切都是从沙尘暴和水土流失中吸取了教训后的觉悟。

1934 年，一场席卷大片国土的沙尘暴出现在美国西部，其他不说，单单卷入大海的土壤就有 500 万吨。这场灾难，使美国人大为震惊，也使全世界的人们为之瞠目：我们陆地能经受得住多少次这样的折腾呢？人们不会忘记，美国的西部是移民开发的。整

个 19 世纪至 20 世纪初期，欧洲有大量的移民络绎不绝地进入美国西部，肥沃的土地成为移民们的天堂。但是经历了 1934 年的沙尘暴之后，一些农业研究部门和生产者认识到这种多次反复用机械耕作的方式，其实是弊多利少。

原始的农业耕作方式又被有些人重新提了出来：播种时只是在前一茬作物的耕地上，挖一个穴，或开一条窄窄的沟，将种子撒下去，至于前一茬作物留在地里的死株碎片，则不去翻动它。这样的耕种方法，既可以避免杂草泛滥，

同时照样可以出新苗长庄稼，化肥和农药的使用率也降低了。最大的好处是：耕地的表层由于翻动少，受到的破坏也就少，从而能减少或避免水土流失。有些坡度的耕地采用这种方法更有必要，它的意义在于不仅避免了水土流失，还能增进土壤的团粒结构，促进土壤中微生物的活动。这样，土壤中水分的渗透和贮存就更好了。

在对这种原始农业的耕作方法进行分析之后，美国一位名叫哈利·杨的农业生产者，从中得到启示。为了在实践中证实自己的想法，20世纪60年代初期，哈利·杨在自己的4.25亩土地上开始了实验。他用的方法就是开沟直播的耕作方法，不翻耕土地。实践证明，这一耕作方法获得了成功，并且由此被赋予了一个专业的农业耕作名称：免耕法。

长颈鹿的"控压装置"启示

我们都知道，飞行员在驾驶战机加速爬升时，人体血液的流速会在惯性作用下慢于人体的运动速度，这时血液就会积聚在人体下部，从而造成大脑特别是视网膜供血不足，眼前霎时会出现一片漆黑，严重时会引起短暂的晕厥，直接影响作战和飞行安全。

为此科学家在飞行服中增加了一种裤形装置，这种装置是在腹部、大腿、小腿的地方安装了几个相通的气囊。飞机上的增压气源在飞机进行剧烈变化的机动飞行时，可通过抗荷调压器按人体的需要自动调节气压，使气囊因迅速充气而膨胀，压迫飞行员的腹部和下肢，抵抗内脏器官的移位和血液的惯性下涌，使迅速下涌的血液返回心脏，从而克服了飞行中的"黑视"（中心视力丧失）和晕厥现象。

设计师们如何能想出如此独特的设计，那得从长颈鹿说起。长颈鹿在落差高达五六米的空间里上下晃动脑袋，却没有头昏目眩的感觉，而是成功地克服了这一生存障碍。

长颈鹿如何做到这一点的呢？原来，长颈鹿的身上有双重"控压装置"。

长颈鹿的大脑下部有一团伸缩性很强的网状小动脉，当血液进出这个特殊的"阀门"时，细细的动脉小血管会迅速扩张，血液的流速和增加量会因这个迅速扩张的网状体的阻滞作用而降低。因此，即使在长颈鹿猛低头时，也不会有过量的血液涌入大脑；当这一作用相反时，即在长颈鹿猛抬头时，大脑也不会出现供血不足。同时，长颈鹿身上裹着一层紧箍着血管的坚硬的外皮，这层外皮既可以抵御敌害，又能保持血管内外层平衡，控制血压。

长颈鹿的护身绝招启发了生物学家和飞机设计师，他们仿照长颈鹿用坚硬外皮控制血压的原理，发明了此种抗荷服（飞行服）。

福特和他的汽车

福特汽车公司历史悠久，早在 20 世纪初便成了世界上最大的汽车公司之一，并被誉为"汽车大王"。而它的创始人亨利·福特更是一位具有传奇色彩的人物，是他使福特公司从无到有、从小到大的。

1863 年，亨利·福特出生在密歇根州一个自耕农家庭，他生性喜爱摆弄各种机器设备，甚至在他还是个小孩子的时候，就能把一只表拆开再装好。不久他除了修理自己家里的钟表外，还替所有邻居家修理钟表。他家的一个朋友说："福特家的每一个钟看见亨利走过来就哆嗦！"由于对机器的喜好，亨利渐渐对农家生活产生了不满。

长大后，福特来到了底特律，并很快成了该市电力公司的总工程师。此后，他开始忙于设计一种靠本身的动力运行并能载人的惊人的新机器，他把这种机器叫做"不用马的马车"，这也就是现在汽车的雏形。

1893 年 4 月，这辆"马车"终于完成，福特试着第一次把它开动，虽然它还不够完善，但它终究运转起来了，这才是最重要的。福特相信所有困难将来总有一天会被克服的。这时别的发明家都正在钻研用电力、蒸汽或其他方法作动力，制造一种实用的汽车，但福特继续以汽油发动的引擎进行实验。

1903 年，福特终于制成了一辆汽车，车身轻便，挨近地面，而且运转快速，足以和其他汽车进行竞赛。他按照一种有名的特别快车的名字，把自己的汽车命名为"999"。他驾驶"999"参加了一次近 5 千米竞赛，并获得优胜。其速度的纪录也随之驰名全球。竞赛过后的一个星期，福特顺利地创建了福特公司。从那以后他的事业飞速发展，仅在福特公司成立 4 年之际，其资产总值就超过了百万美元。

1908 年，福特公司推出了一种简单经济的 T 型车，福特 T 型车开始大规模生产，占领了大量的汽车市场。但是起初汽车生产却非常缓慢，生产一辆汽车需要半天时间，因为进行组装时，所有的零件必须运到一个固定地点。1913 年，福特改进了汽车组装程序，发明了生产流水线，他让汽车在工人之间移动，这样就节省了时间，同时也增加了利润，这就是世界上第一条流水线。

实行流水线生产后，一辆汽车的生产过程只需要 93 分钟。此后，福特汽车被源源不断地生产出来，被运到世界各地。工作方式的重大变化使工业家们对福特的创意充满了敬意。当 1927 年 T 型车系列结束时，福特公司已经生产了1500 多万辆廉价小汽车，缔造了一个前所未有的世界纪录。这在当时不能不说是一个奇迹，而这个奇迹正是在亨利·福特的领导下创造的，他也因此被尊为"为世界装上轮子"的人。

流水线的发明使用不仅改变了汽车的生产，改变了城市交通业，而且也改变了工业生产流程，其意义无法估量。

机器人问世

机器人的问世，堪称 20 世纪人类最重要的一项科技成果，它的作用，最初是代替人去从事某项尖端的或危险的工作，后来，它的用途又慢慢扩展到其他领域。

机器人是一件能感受外部世界的物体，它能对外部信息进行处理，然后迅速做出反应。

然而，机器人的历史足迹却并不顺利，设想、制造、试验和改良，几十年的风风雨雨之后，机器人终于迎来了自己的春天，领导这一潮流的正是美国机器人公司执行总裁罗德尼·布鲁克斯。

罗德尼·布鲁克斯从 8 岁起就想造机器人，这项工作几乎成了他生命的全部，也让他的生命充满了激情。

罗德尼的作品是具备人工智能的机器人"库格"。库格的大脑装有相当于 16 台电脑运算能力的微处理器，它开始认识周围的世界了，有时它也喜欢吃手指。库格可以伸出手臂做各种动作，也能觉察到旁边是不是有人，但它的认知还显不足，就像个从父母的表情、反应来获取线索的婴儿。罗德尼的机器人娃娃虽然分不出谁是玩伴，但对别人的关注反应灵敏。伴随着成长它能学会表达，还有一整套你意想不到的反应。它对玩游戏很在行，也会了解孩子的意图，它会想尽各种方法把游戏变得更生动有趣。

除了罗德尼的机器人，再来看看索尼公司的电子狗"爱波"。它非常顽皮

可爱，白色感应器能使它感知到周围的变化，它还能与主人进行情感沟通。索尼公司爱波狗的发明人东户博士介绍说：假如我们善待爱波，体贴爱护它，它就会变成一个好孩子；要是我们管教无方，它就会变成坏孩子。究竟会变成什么样，就连这些设计者也难以预料。

先进的人工智能机器正在食物链的另一端——众多的机器昆虫身上得以表现。罗德尼认为：仅靠一只蜜蜂建不起一个蜂巢，许多蜜蜂在一起就可以建蜂巢。他把一群机器昆虫聚在一起，看看它们能做出什么来。结果是：这群观望的机器昆虫，它们交流信息，并建立了对战场全局的把握。

传统观点认为机器人就是机器。这话虽然不假，但新一代的智能机器人却更像我们的朋友，我们将来该如何与它们相处呢？把它们当做朋友还是工具？两者应该兼而有之。

现在地球上约有 100 万个机器人，其中绝大部分在汽车制造厂工作，其余的则"就职"于加工行业。少量出类拔萃的机器人在太空探索或在安全保卫等领域担负着比较复杂而艰巨的使命。

诚然，大部分机器人将仍然只是在装配线上埋头苦干，但新一代智能机器人将摆脱所担当的蓝领工人角色，改而从事服务业。1999 年，世界服务业机器人估计有 6600 个，其中半数是小型家庭机器人。按价值计算，用于医学操作的机器人占的份额最大（42%），其次是用于海底研究的机器人（37%）。在强调精密性的外科手术领域，机器人的研究与应用将会取得惊人的进步。

机器人进入家庭也是指日可待。研究人员正在设计许多配有马达和传感器、近似于机器人的家用电器。如吸尘机器人。另外，娱乐机器人也是发展趋势。机器人的诞生开辟了技术革命的新时代。

青霉素的问世

青霉素是从青霉菌培养液中提制出来的药物，它是第一种能够治疗人类疾病的抗生素。这一医药学上的重大发现完全是一个偶然的机会促成的。

1928年9月的一天早晨，英国伦敦圣玛丽医院的细菌学家弗莱明像往常一样，来到了实验室。在实验室里一排排的架子上，整整齐齐排列着很多玻璃培养器皿，这些都是有毒的细菌，弗莱明收集了它们，是在寻找一种能够制服它们，把它们培养成无毒细菌的方法。其中一种在显微镜下看起来像葡萄球状的细菌，存在很广泛，危害也很大。弗莱明试验了各种药剂，力图找到一种能杀灭它的理想药品，但是一直没有成功。

弗莱明来到架子前，逐个检查着培养器皿中细菌的变化。当他来到靠近窗户的一只培养器前的时候，他皱起了眉头，自言自语道："唉，怎么搞的，竟然变成了这个样子！"原来，这只贴有葡萄状球菌标签的培养器里，盛放的培养基发了霉，长出一团青色的霉花。弗莱明没有马上把这培养器交给助手倒掉，而是仔细观察了一会儿。使他感到惊奇的是，在青色霉菌的周围，有一小圈空白的区域，原来生长的葡萄状球菌消失了。难道是这种青霉菌的分泌物把葡萄状球菌杀灭了吗？想到这里，弗莱明兴奋地把它放到了显微镜下进行观察。结果发现，青霉菌附近的葡萄状球菌已经全部死去，只留下一点枯影。他立即决定，把青霉菌放进培养基中培养。

几天后，青霉菌明显繁殖起来。于是，弗莱明进行了试验：用一根线蘸上溶了水的葡萄状球菌，放到青霉菌的培养器中，几小时后，葡萄状球菌全部死亡。接着，他分别把带有白喉菌、肺炎菌、链状球菌、炭疽菌的线放进去，这些细菌也很快死亡。但是放入带有伤寒菌和大肠杆菌等的线，这几种细菌照样

繁殖。

为了试验青霉菌对葡萄状球菌的杀灭能力有多大，弗莱明把青霉菌培养液加水稀释，先是1倍、2倍……最后以800倍水稀释，结果它对葡萄状球菌和肺炎菌的杀灭能力仍然存在。这是当时人类发现的最强有力的一种杀菌物质了。

可是，这种青霉菌液体对动物是否有害呢？弗莱明小心地把它注射进了兔子的血管，然后紧张地观察它们的反应，结果发现兔子安然无恙，没有任何异常反应。这证明这种青霉菌液体没有毒性。

1929年6月，弗莱明把他的发现写成论文发表。他把这种青霉菌分泌的杀菌物质称为"青霉素"。

弗莱明发现青霉素，似乎是偶然的，但却是他细心观察的结果。让人又感到遗憾的是，当时青霉素还无法马上用于临床治疗，因为青霉素培养液中所含的青霉素太少了，很难从中提取足够的数量供治疗使用。所以弗莱明暂停了实验，但是他的发现，为后来的科学家开辟了道路。

10年后对青霉素的再次研究所取得的临床效果更是震惊了世界，因此，这次研究被世人称为"青霉素的二次发现"。1940年，在牛津大学主持病理研究工作的澳大利亚病理学家弗洛里，仔细阅读了弗莱明关于青霉素的论文，对这种能杀灭多种病菌的物质产生了浓厚的兴趣。但是他知道，要提取出这种物质，需要各方面科学家的共同努力。他邀请了一些生物学家、生物化学家和病理学家，组成了一个联合实验组。这之中，德国生物化学家钱恩是他最主要和得力的助手。

在弗洛里的领导下，联合实验组紧张地开展了研制工作。经过几个月的辛

勤工作，钱恩提取出了一小匙青霉素。把它溶解在水中，用来杀灭葡萄状球菌，效果很好。即使把它稀释 2 百万倍，仍然具有杀灭能力。随后，他们开始了更努力的提取工作，终于获得了能救活一个病人所需的青霉素，并救活了一名病人，证明了这种药物的无比效能。

弗洛里清醒地意识到，青霉素要广泛地用于临床治疗，必须改进设备，进行大规模生产。但这对联合实验组来说，却是无法办到的事。当时的伦敦正遭受德国飞机的频繁轰炸，要进行大规模生产很不安全。

1941 年 6 月，弗洛里不顾钱恩的反对，带着青霉素样品来到不受战火影响的美国。经过和美国科学家的共同努力，终于制成了以玉米汁为培养基，在 24℃ 的温度下进行生产的设备。用它提炼出的青霉素，纯度高，产量大，从而很快开始了在临床上的广泛应用，一些传染病的死亡率大大下降，无数人的生命得到了拯救，从而改变了人类与传染病之间生死搏斗的历史。

1945 年，弗莱明、弗洛里和钱恩三人，因在青霉素发现利用方面作出的杰出贡献，共同获得了诺贝尔生理学及医学奖。

难以解读的圣经密码

20世纪50年代，捷克首府布拉格一位叫魏斯曼德的犹太教徒发现了神奇的圣经密码。所谓的圣经密码不过是用数学的方法阅读《圣经》所得出的名字、单字或片语，由于这些词汇和人类历史上发生的许多重大现象密切相关，因而引起了数学家、物理学家和历史学家的极大兴趣。

魏斯曼德在阅读《圣经》时发现，在旧约摩西五书《创世记》《出埃及记》《利未记》《民数记》及《申命记》的开端，如果每隔50个字母跳读，就能够拼出一个重要的单词"Torah"。这个单词的意思就是对基督教徒而言意义重大的"摩西五书"。

为了进一步深入地探究这一奇妙的现象，以色列数学家艾利亚虎·瑞普斯和物理学家度伦·维茨特利用电脑进行了研究，发现从圣经时代到现代的智者中所挑出的32位重要人物中，他们的名字和生卒日期，在《创世记》里面都是编在一起的。但从其他书本中却得不出同样的结果。

为验证这一结论，他们又把整本希伯来原文《圣经》作为自己的研究对象。在运算时，他们把原文中所有字间距都去除，使之连贯而成304 805个字，再用电脑跳跃码方式，在字串中找寻名字、单字和片语。电脑跳跃码的原理是这样的，从圣经第一字母开始，找寻一种可能跳跃序列，从第1个字母开始，依序跳过数个字母，看能拼出什么字，然后再从第2个字母开始，周而复始。举个例子：

Rips ExplAineD thaT eacH codE is a Case OfadDing Every fourth Or twelth Or fif-tieth to form aword

得出隐含讯息为 READ THE CODE 即读码。

电脑把关键字找到以后，会继续寻找到其他相关讯息。例如找到关键字"希特勒"以后，会继续在这个字附近把"恶人""纳粹与敌人""屠杀"等相关字寻找出来。又例如找到关键字"肯尼迪总统"以后，还会在"肯尼迪总统"这个词附近找到"将死"和"达拉斯"等相关字，而达拉斯正是肯尼迪总统当年被刺的地方。

利用这种方法，艾利亚虎·瑞普斯和度伦·维茨特还在圣经密码中找到了"奥姆真理教"和"灾疫""毒气"，"贝多芬"和"约翰·巴哈"和"德国作曲家"，"莫扎特"和"音乐""作曲家"，"毕加索"和"艺术家"，"莱特兄弟"和"飞机"，"爱迪生"和"电""灯泡"，"爱因斯坦"同"他推翻现有的事实""科学""预告一位聪明绝顶的人""崭新而卓绝的知解"等连在一起的相关字样。

那么这种圣经密码的可信度如何呢？这是数学家们最关心的问题。因此先后有多位顶尖级的数学专家对之进行了科学验证，认为这并非偶然的巧合和无稽之谈。尽管也有一些数学家表示怀疑，但他们却找不到反驳的论据！而一位美国国家安全局资深解码专家对圣经密码进行验证以后，也没有找到任何破绽。

也许有人会说，这样随机组合的字母在任何一本书中都可以找到，并不能说明什么问题。的确如此，但问题在于，在其他书本中虽然可以找到随机字母组合，但却无法找到像"萨达姆""飞毛腿"和"开战日期"等相关资讯。这样连贯的讯息只有在《圣经》中找到，而在其他的书籍中，不管是 10 万本还是 100 万本，都找不出来。

更加不可思议的是，圣经密码暗示《十诫》石板是由电脑制造出来的，而且其中还有许多恐怖的预言，让人无法置信却不能不信。因为有些预言就是历史上发生的真事！在整个圣经密码中，"以色列"与"日本"同"终末战争""灾祸之年"是紧密地写在一起的。圣经密码预测，在以色列圣城耶路撒冷，这个传说中经过大卫王统治、见过耶稣死亡和穆罕默德升天的城市，也许会因宗教仇恨带来终末战争，并指出当前最危急的是"核子战争"。有激进教徒为了"圣战"而变成恐怖分子，武装冲突等发生！

1995 年在日本神户发生的大地震在圣经密码内也早就有所预示。

如果圣经密码上的预示都是真的，那么人类在宿命面前是否无能为力？如果不是真的，那么又怎么解释那些准确得不能再准确的已为历史所证实的预言？读过《圣经》的朋友都知道，在旧约《但以理书》和新约《启示录》里都预言空前大恐怖将在秘密书卷开启时完全揭露。难道这圣经密码就是"秘密书卷"？它的确等到发明了电脑后才能被打开。那么圣经密码预告的"终末的日子""核子战争"到底会不会发生呢？如果圣经密码是对这世界的一种警告，那它从何而来？又为什么能奇迹般地预见3000年后的事呢？

这些问题，似乎并不是数学家们所能够回答的。

器官移植的进步

近代器官移植开始于 18 世纪后期，有"实验外科之父"美誉的约翰·亨特医生在人身上成功地替换了前磨牙。早期的移植关注的重点是移植的技术，如何替换失去的肢体和牙齿，将动物身体的一部分转移到另一动物身上。

1902 年，法国的卡来尔医生发明了进行器官移植最为重要的血管缝合技术，为此他获得了 1912 年的诺贝尔奖。

器官移植的历史起源于异种移植，1906 年，法国医生马修·雅布莱首先将猪肾移植给一位患肾衰竭的妇女，但术后病人仍死于尿毒症，此后外科医生们的目标很快转移到那些血缘与人类更接近的灵长目动物，并于 20 世纪中叶实施人类—人类之间的移植。但由于对移植免疫机理缺乏认识，未能采取有效的防治排斥反应措施，因而所移植的器官均不能长期存活。

人类真正实现实体器官移植的历史只有近 60 年。1954 年，美国波士顿的医学家哈特韦尔·哈里森和约瑟夫·默里成功地完成了第一例人体器官移植手术——肾移植手术。为了避免出现身体排斥外来组织这个最大的难题，这次手术是在一对双胞胎身上进行的，结果供肾存活了 8 年，这开创了人体器官移植的新时代。由于没有排斥发生，人们认识了供受者遗传基因兼容性。第一例成功存活 6 个月以上的非亲属人肾移植也是由哈特韦尔·哈里森和约瑟夫·默里在 1959 年完成的。1963 年，美国的托马斯·斯达泽教授在科罗拉多大学进行了人类第一例肝脏移植，但直到 1967 年才获得了真正的成功。1964 年，哈迪将一个黑猩猩的心脏移植到一名 68 岁患有心源性休克的老人体内。克里斯蒂安·巴纳德博士于 1967 年在南非开展了世界上第一例人心脏移植，这一移植手术成了当时的爆炸性新闻。直到 20 世纪 70 年代后期环孢素这种能抑制身体攻击外来

器官倾向的药物研制出来以后，器官移植才成为常规疗法。

如今人类自身间的器官移植已经非常普遍。目前，全世界每年大约进行 1 万多例肾移植，1000 例左右肺移植，2000 例左右心脏移植，1000 例左右肝移植和 1000 例胰移植手术，迄今已有数万名患者通过他人捐献的器官获得了新生。

不过，器官移植的进步发展也不是一帆风顺的。首先，一个人身上的器官移植给另一个人时，难免受到排斥，就像是一个在热带生活了几十年的人突然让其到北极生活，北极的寒冷气候肯定会排斥他一样。目前，接受器官移植的病人终生都须服用抑制免疫系统的药物，以防止体内出现排异反应。但这些药物同时又对整个免疫系统产生作用，会降低病人抵抗疾病的能力。其次，器官移植手术的出现使很多患者看到了健康的曙光，等待接受器官移植的人越来越多，但是愿意捐献器官的人却没有这么多。

为了解决器官捐献者太少的难题，科学家一面尝试在人和动物之间进行器官移植，一面大力开发另一个有前途的项目：如果人造器官可以代替人体器官正常工作，那么可以建成很多"人体零件工厂"，大量生产人体内的各种"零件"，这样，那些需要进行器官移植手术的患者就不会苦于无米下锅了。目前，世界上人造器官已经可以替代大部分人体器官了。

"火中取栗"之谜

成语"火中取栗"源出于这样一个故事：狡猾的狐狸，骗猴子为它取出火中的栗子。结果猴子不但没有取出栗子，反而把脚上的毛烧掉了。这则故事也说明，人们都认为：直接用手从火中取出东西是一件不可能的事。

然而，发生在人们生活中的某些现象，却要比"火中取栗"惊险得多。有消息报道，早些时候，在国外狂欢节的余兴节目中，有些大胆的表演者当场将一个潮湿的手指伸进熔化了的铜液中，尽管他以极快的速度将手从熔铜液中缩回，但是也使得周围的观众心惊肉跳，目瞪口呆。更有甚者，一本《吉尼斯达书：世界纪录》中，描述了一些更大胆的表演者，竟然赤着脚在650℃的燃烧着的一长堆木炭上步行了约7.5米的事迹。你可能认为表演者的脚底上可能事先已经抹了一种高级的绝热防护剂吧！

实际上这是一种物理现象，可以这样解释：当一个潮湿的手指迅速插入高温熔液中时，手指头上的水突然受热汽化，在手指周围形成一个很薄的蒸汽层。气体是热的不良导体，在一段短暂的时间内，它可以起到绝热防护作用。不过，潮湿的手指头伸进深化的铜液后，得赶快缩回来。因为时间一长，蒸汽层消失，防护作用失败，后果就不堪设想了。读者可不要去做这种冒险的尝试。

关于"蹈火"的表演，最关键的是表演者脚底上要有足够的汗水。当脚底上的某些部位与炭火接触时，由于汗水的迅速汽化，脚底和木炭之间形成的蒸汽膜起到了瞬时保护作用。步与步之间流出的汗水补偿了部分水分。如果脚底上沾满了厚厚的煤炭或者长着硬茧，也许还能多走上几步。如果跑步，会使双脚踩松炭火而使保护层失败。

热传递是通过传导、对流和辐射三种途径进行的。上述两种惊险的表演主

要利用了气体是热的不良导体的这一特性，免除了人体被烫伤的危险。热传递的特性已广泛地应用于生产实践中，保温瓶就是一个突出的例子。在生产中，有时为了让工人能够在温度较高的环境之下，连续工作比较长的时间，安全地维修机器设备，特制了一套厚厚的石棉衣服，再在外面喷涂了一层光亮的铝膜。工人穿了这种衣服就能在高温环境下工作较长的一段时间，"火中取栗"也就是可能的事了。

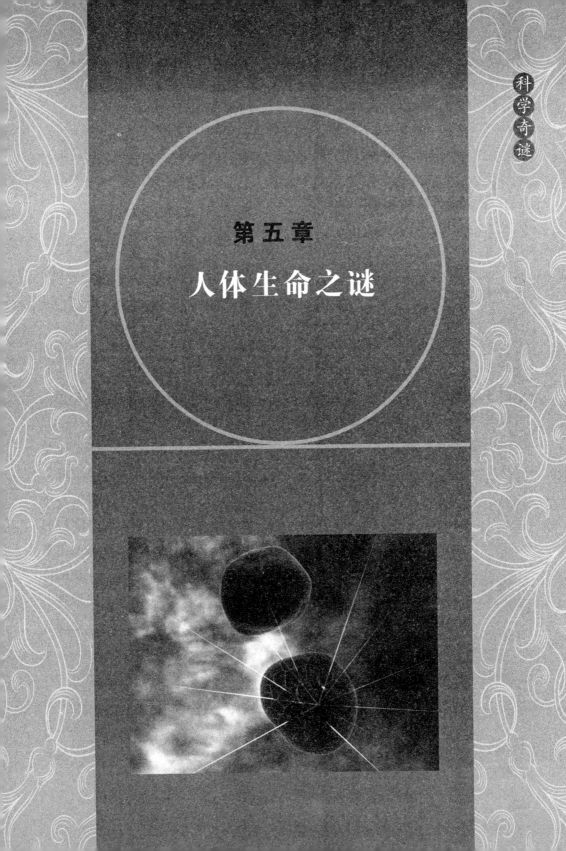

第五章

人体生命之谜

人类起源之谜

你知道我们人类是从哪里来的吗？到目前为止，除了一些美丽的传说和各种未经证实的推测之外，并没有一个真正的答案。它与宇宙的起源、地球的起源并列为三大起源之谜。

关于人类的起源在我国流传着这样的神话故事：盘古开天辟地之后，不知道过了多久，忽然在天地间出现了女娲。女娲在荒凉的天地中无依无伴，十分寂寞，她来到水边，看见自己的倒影，忽发奇想，就照自己的形体用水边的泥巴捏出泥偶，放在地上，迎风一吹便活了，后来女娲给他起名为"人"。

埃及同我国一样也是一个文明古国，而它的人类起源的说法则更为奇特。据《埃及神话》的说法，人类是神呼唤出来的。埃及人认为全能的神"努"在埃及、在世界出现之前就已存在，他创造了天地的一切，他呼唤"泰富那"，就有了雨；呼唤"苏比"，就有了风；呼唤"哈比"，尼罗河就流过非洲大地。他一次次地呼唤，世界便因此丰富起来，最后，他喊出"男人和女人"，转眼间，就出现了许多人，这些人又创建了埃及。造物工作完成，"努"就将自己变成男人外形，统治大地与人类，成为埃及第一位法老。日耳曼神话中说日耳曼人的祖先是天神欧丁和其他的神创造的，众神在海边散步时看到沙洲上长了两棵树，其中一棵挺拔雄伟，另一棵风姿绰约，于是砍下两棵树，分别造成男人和女人。欧丁首先赋予其生命，其他的神分别赋予其理智、语言、肤色和血液等。

而在信奉基督教的西方国家里，人们大都相信上帝造人说。《旧约·创世记》中记载：上帝花了5天时间创造了天地万物，到第6天，他说："我要照着我的形体，按着我的样式造人……"于是把地上的尘土捏成人形，将生气吹进人的鼻孔后，造出了男人，取名亚当。上帝见亚当一个人生活得很孤独，就用他的一根肋骨造成一个女人，亚当说："这是我骨中的骨，肉中的肉，就叫他女人吧。"

然而，传说毕竟只是传说，缺乏令人置信的科学依据。因此这个话题依然众说纷纭。

19世纪，达尔文提出了进化论学说，这成为19世纪人类探寻自身起源的一个新的线索。

达尔文是19世纪英国学术界破旧立新的大师。他身患痼疾，为探索自然规律，一生孜孜以求。1859年他的《物种起源》一书问世，这本书是他对自己多年在世界各地亲自观察生物界现象的总结，书中阐述了自然选择在物种变化上起的作用，提出了物种的起源和进化的一般规律。

《物种起源》的发表从根本上打击了上帝造人的宗教神话和靠神造论来支持的封建伦理。当时保守势力的反扑顽抗和社会思想界的巨大震动，使一贯注意不越自然科学领域雷池一步的达尔文也兴奋不已。为了用客观事实来揭示人类起源的奥秘，他发愤搜寻各种事实依据，终于在1871年，即《物种起源》出版后12年，又发表了《人类的由来》这本巨著。达尔文认为，物种起源的一般理论也完全适用于人这样一个自然的物种。他不仅证实了人的生物体是从某些结构上比较低级的形态演变进化而来的，而且进一步提出了人类的智力、人类的心理基础等精神文明的特性也是像人体结构的起源那样，由低级向高级逐渐发展。《人类的由来》奠定了人类学研究的基础。

达尔文认为人类起源于古猿。经过一番激烈的学术的和宗教的争论之后，

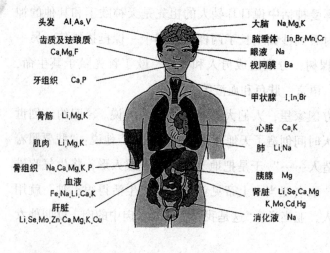

头发 Al,As,V
齿质及珐琅质 Ca,Mg,F
牙组织 Ca,P
骨筋 Li,Mg,K
肌肉 Li,Mg,K
骨组织 Na,Ca,Mg,K,P
血液 Fe,Na,Li,Ca,K
肝脏 Li,Se,Mo,Zn,Ca,Mg,K,Cu

大脑 Na,Mg,K
脑垂体 In,Br,Mn,Cr
眼液 Na
视网膜 Ba
甲状腺 I,In,Br
心脏 Ca,K
肺 Li,Na
胰腺 Mg
肾脏 Li,Se,Ca,Mg,K,Mo,Cd,Hg
消化液 Na

科学界渐渐接受了这个理论。后来的科学家又经过不断探索，在达尔文学说的基础上形成了现代的人类起源说。他们认为，人类是古猿在数百万年的漫长时间里，在大自然的影响下逐渐进化而来的。作为一种学说，进化论有着许多合理的科学内核，然而毕竟是一种假说，也有其缺陷，考古学上的许多发现都无法用进化论的理论解释。例如：

1913 年德国的人类学家在坦桑尼亚 Olduvai 峡谷 100 万年以前的地层中发现了一具完整的现代人类骨骼。

美国科学家麦斯特则在犹他州羚羊泉的寒武纪沉积岩中发现了一个成人的穿着便鞋踩上去的脚印和一个小孩的赤脚脚印，就在一块三叶虫的化石上面。而三叶虫是 2.5 亿~5.4 亿年前的生物，早已绝迹。经过犹他大学的化学专家们鉴定这的确是人的脚印。

在中国云南富源县三叠纪岩石面上发现有四个人的脚印。据考证，这些脚印是 2.35 亿年前留下的。

1976 年，著名考古学家玛丽·D.利基也曾发现了一组和现代人特征十分类似的脚印。这些脚印印在火山灰沉积岩上，据放射性测定，火山灰沉积岩有 340 万~380 万年的历史，古生物学家证实，其软组织解剖特征明显不同于猿类。

这些考古发现又是怎么回事呢？它们似乎有悖于达尔文的生物进化论中的观点。根据达尔文进化论假说，森林古猿经过千百万年的进化才成为今天的人类，可是科学家至今却无法找到这千百万年的中间过程，也找不到任何猿与人之间的人存在的证据；按照通常的认识，人类在距今 1 万年左右才发展到最原始的状态，有文字记载不过5000年时间。按照达尔文进化论假说，几亿年前不可能有人类存在，至于高度的人类文明就更是天方夜谭了。

随着时代的发展和科技的进步，科学家们不断提出新观点，对人类起源问题发表自己的看法。

1960年，英国人类学教授爱利斯特·哈代爵士提出了一种新的假说，他根据在距今400万~800万年前这一时期的化石资料几乎空白这一事实，认为这一时期内人类祖先不是生活在陆上，而是生活在海中；在人类进化史上存在着几百万年的水生海猿阶段，至今仍能在人类身上找到那一阶段留下的许多"痕迹"，如人类的许多解剖生理学的特征在别的陆地灵长目动物身上都找不到，而在海豹、海豚等水生哺乳动物身上却同样存在。例如：所有陆地灵长目动物体表都有浓密的毛发，唯独人类皮肤裸露，这一点与海兽相同；灵长目动物都没有皮下脂肪，而人类却有厚厚的皮下脂肪，这一点又与海兽相同；人类胎儿的胎毛着生位置，明显不同于别的灵长目动物，而与水兽胎儿的胎毛位置相当；人类泪腺分泌泪液、排出盐分的生理现象，在灵长目动物中是绝无仅有的，而海兽却都具有。

哈代爵士查阅了大量史料，指出在400万~800万年前，海水曾淹没了非洲的东部和北部的大片地区。海水分隔了生活在那儿的古猿群，其中的一部分为了适应急剧变化的自然环境，进化成为海猿。几百万年以后，海水退却，已经适应水生生活的海猿重返陆地，又经过几百万年的进化，成为人类。海猿历经沧桑，在水中的生活进化出了向人类方向发展的特征，这些特征为以后的直

立行走、解放双手、进行语言交流等重大进化步骤创造了条件。这使得他们在返回陆地上后有了更明显的优势，超越了其他猿类，进化成为地球上最高等的智慧动物。

此外，美国加州圣一克鲁兹大学的生物学家大卫·迪默则认为地球上的生命，或者说生命的早期形态有可能起源于浩瀚宇宙。

国际生物界一致认为：生命的起源在很大程度上依赖于细胞膜的作用。迪默在实验中发现，即使是在寒冷、充满辐射的真空宇宙环境下，细胞膜仍然具有"生命力"。这说明恶劣的宇宙条件并未阻止生命的演化，生命起源于地球以外的浩瀚宇宙也是完全有可能的。

面对这么多假说、矛盾、谜团，我们不禁要问，人类到底是怎样起源的呢？我们相信一定能解开这个秘密，也许就在明天。

梦境形成之谜

　　研究表明，刚出生的宝宝大约要用一半的睡眠时间去做梦，而60岁的老人只用睡眠时间的15%去做梦。我们无法了解腹中的胎儿或出世不久的婴儿究竟在做些什么"梦"，但是科学家认为，宝宝们的神经联络系统需要通过梦才能良好地建立，从而促进脑的发育。对一个古稀老人来说，他至少有5年时间是在梦中度过的，而梦中往往充满了焦虑和死亡的阴影。由于从小就看不见周围的世界，先天盲人做的梦就不可能像正常人那样绚丽多彩。但是他们拥有触觉、嗅觉、听觉，所以就真实感而言，盲人的梦境与常人是一样的。戴维·福克斯是美国亚特兰大市埃默里大学的心理学家。他曾对6名盲人的梦进行研究后发现，后天失明的盲人能在梦中见到周围的景物和人，而先天失明的盲人则只能描述梦中用手收拾厨房里的蔬菜和听到洗衣机的转动声，人的谈话声……

　　那么，为什么每个人都要做梦呢？科学界对此众说纷纭。

　　有许多专家都认为：人在睡着后，脑子对刺激产生某种反应，梦境就产生了。梦境常常很荒诞，这是因为做梦时，只有部分脑细胞在活动。梦见熊熊大火可能是阳光照在脸上；光脚在冰雪中奔跑的梦可能是双脚露在棉被外。有人做过一次试验，给33个睡着的人皮肤上轻轻滴水，其中有14人梦见水。

　　为什么这些轻微的感觉会被"放大"，科学家们认为是大脑在睡眠中失去整体调节功能的缘故。德国的《快捷》画刊在1991年的一篇文章中说："人做梦，是大脑在打扫房间。"文章认为梦对白天的各种信息和情感体验进行加工和整理后，会有选择地储存一部分。荣获诺贝尔医学和生理学奖的英国科学家克里克也说："只要做了梦，人的头脑就会灵敏。"这是因为做梦使脑力得到恢复的同时能清理掉脑中的无用信息。

著名学者弗洛伊德提出"日有所思，夜有所梦"的理论，他认为梦是因潜藏的愿望而引发。1999 年初发表的研究报告证实了这一理论。

新的研究资料告诉我们：做梦时，大脑肯定在进行有意识的、解决问题的思维活动。可以这样认为，大脑在宁静的夜晚处理问题更灵敏，因而效率也就更高了。许多科学家甚至认为做梦有益于身心健康。

做梦能提高记忆力。加拿大的研究者发现，做梦时间长的学生，的确学得快、记得牢。做梦能帮助解决难题。以色列韦茨曼科学院的神经专家卡尼建议道，对于尚待解决的问题"先做梦，明天再说"。医学博士罗滕贝格认为，人在生活中必然会遇到危难，梦则是使人渡过危难的一种机制。

魔力十足的催眠术

催眠术由来已久，它的历史与巫术、医学甚至魔法的历史一样古老。实际上在远古时代，催眠、巫术和医学往往天然地结合在一起。催眠术不仅能激发人的潜意识，而且还能治愈疾病等。

当受眠者接受催眠师暗示双眼闭合，并表现出生理上的深度松弛（例如深呼吸）时，代表着他已经进入了完全被催眠的"失迷"状态。"失迷"是一种与睡眠类似的恍惚状态，但又不同于睡眠状态。表面看来，受眠者被催眠后像睡着了一样，但是真正处于睡眠状态下的人，神经系统和外界基本上是隔绝的，外界刺激对他没有反应。但处于催眠状态的人大脑局部神经系统恰恰相反，它处于兴奋状态，并且完全集中于催眠师的暗示下，但他对催眠以外的各种刺激都没有反应。

说起催眠术用于治病，其实在科学意义上认识、运用催眠术早在18世纪时就开始了。1766年，奥地利内科医生麦斯默首次将催眠术在医疗上得到运用。在对此前曾十分流行的"动物磁气说"进行改造的基础上，他提出有关疾病、健康的理论。在他看来，地球的万有引力通过确实存在于人体和自然界的一种气流体影响着人的健康。这种看不见的气体被他称为"磁气"。他认为，疾病就是因为这种磁气在人体内流动时受到阻碍而产生的。当人处于一种"失迷"的临界状态即催眠状态下，这些阻碍可以被消除，磁气能恢复自然流动。为了使这种自然流动恢复，麦斯默发明了许多种方法，统称为"催眠疗法"，即"麦斯默术"。

随着人们对催眠术研究的不断深入，催眠术又有了新的发展。

到了19世纪70年代，科学界对催眠术产生了广泛您的兴趣。19世纪最伟

大的精神分析大师西格蒙德·弗洛伊德正是这时出场的。1885年秋，弗洛伊德前往巴黎求学，师承法国著名学者夏尔科。求学期间，催眠术治疗神经失调症的巨大潜力，使弗氏记忆深刻。1886—1938年，弗洛伊德开设了治疗精神疾病的私人诊所。他起初用催眠术治病，后来发现这种方法存在很多局限。在著名医师布洛伊尔的启发下，他采用宣泄法，在催眠的条件下让病人畅述内心的积郁，以达到治疗目的。此后不久，弗洛伊德自创精神分析或自由联想法，作为分析和治疗的根据。由此，弗洛伊德在创建自己的心理分析体系时将催眠术扬弃，转向了自由联想。在现代分析学者看来：催眠术是属于自由联想的一个特殊分支。

如此看来，催眠术已在科学的殿堂上有了一席之地，但它仍有许多神奇的现象令科学界无法解释。

科学家们发现，受眠者在催眠状态下可以完成平时不可能完成的事情，并出现一些非常规的现象。例如，一个娇弱的女子在催眠状态下会变成一根僵直的棍子，将她的脚和头肩用两个支撑物支起，这时就算在她身上站一个比她重得多的男子，她仍然会像桥面一样坚硬，面部表情无异。这完全超过了人的身体一般所能承担的限度。

由催眠术所产生的各种奇异现象，研究者还无法做出科学的解释。一般认为，人们在平时很难进入潜意识的世界；但在催眠状态下，如果处于a脑波状态，人们的注意力会非常集中，很容易被引导打开潜意识的记忆库，给潜意识输入积极、正面的信念。

通过催眠术我们可以接触到在人类物质世界背后深藏的不可思议的意识和精神世界，它所体现出来的巨大能量令我们为之着迷，因而人们相信对它的进一步探索有助于我们创造更美好的明天。但我们也应该清楚地明白，催眠术的研究要得出正果也并非易事，它需要科学界的共同努力。

罗塞达碑和遗传密码

　　1799 年，法国的拿破仑远征埃及，他手下有一个士兵偶尔在尼罗河河口的小城罗塞达附近发现了一块石碑。这块石碑是公元前 196 年底比斯祭司为歌颂埃及国王托勒密五世即位而制作的。石碑上的文字非常奇特：上面刻的是古埃及的象形文字，中部是古埃及的俗体文字，下面则是古希腊文，用这三种不同的文字记述相同的赞美词。这块石碑后来成为法国的埃及学家商博良在 19 世纪初解译古埃及象形文字的一把钥匙。现在，人们把遗传密码比作罗塞达石碑，就是说遗传密码是理解生命遗传现象的一把钥匙。

　　生物之所以能一代一代把自己的性状遗传下去，关键是有一套能控制遗传信息的密码。我们知道，拍电报并不是把文字拍出去，而是先把每一个字译成固定的数字码，每一个字都有自己特定的数字码。当数字码传到对方电报接收单位后，接收者再把数字码译成文字，这样就可以知道电报的内容了。遗传也不是把性状直接传递给下一代。人们在鸡蛋里绝对找不到鸡毛的颜色，在植物的种子里也不会发现某一种植物的花色。这是因为性状是由遗传密码决定的。一切生物的遗传密码都在一种叫脱氧核糖核酸

（DNA）的大分子有机物上。

遗传密码问题，说到底就是 DNA 分子和蛋白质分子之间的关系问题。DNA 是由核苷酸一个一个连起来的大分子，而蛋白质是由氨基酸一个一个连起来的另一类大分子。研究表明，每个氨基酸都是由几个碱基组成的密码决定的。实际上；这种密码就是 DNA 分子中的碱基排列顺序。我们已经知道，DNA 分子上有很多碱基，它们一共有 4 种：腺嘌呤（A）、鸟嘌呤（G）、胸腺嘧啶（T）和胞嘧啶（C）。如果用一个碱基作为一个氨基酸的密码，显然是不行的。因为氨基酸不是 4 种，而是 20 种。用 3 个碱基来编码，就可以编出 64 种密码，这对于氨基酸来说，是绰绰有余了。

3 个碱基组成的氨基酸密码，就叫三联体密码。科学家用人工编写的一份密码，发给一个细胞，看细胞根据这份密码合成的是什么氨基酸，从而逐渐弄清了密码的意义。例如，赖氨酸的遗传密码是 AAA，甘氨酸的遗传密码是 GCG……是遗传密码决定了氨基酸，决定了蛋白质，也就决定了生物的性状。

遗传密码的发现，解开了一切生物遗传之谜。同时再一次论证了生命有机体的统一性，因而在理论上有着重大意义。

破译"生命天书"

2003 年 4 月 14 日，是人类历史上值得纪念的一天。因为在这一天，被称为"生命天书"的人类基因组序列图，由美国、英国、德国、法国、日本和中国科学家共同绘制完毕，并公布于众。至此，人类基因组计划的所有目标已全部实现。这是生命科学领域中的一座里程碑。

人类基因组含 2.5 万到 4.5 万个基因。科学家把它比喻为一本百科全书，全书分为 23 章，每章代表一条染色体，而每一条染色体又包含上千或千余个基因的"故事"。这项生命科学中的"阿波罗登月计划"，就是要把这本无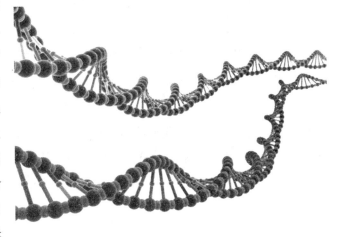字"生命天书"破译为有字"生命天书"。

科学家曾经生动地描述过这一重大科学工程的艰难：这好比一个人徒步绕地球赤道一圈，还要与全世界每一个人都握一次手。难度可想而知。

"生命天书"破译以后会给我们的未来带来什么呢？要知道，人类的基因是通过 35 亿年的进化才形成的。然而，从 1900 年现代遗传学诞生到现在，只不过 100 多年时间，人类已把几十亿年"写成"的"生命天书"破译了出来。研究表明，号称"万物之灵"的人类 97% 的基因与黑猩猩的基因相同。世界上

的白种人、黄种人和黑种人尽管体型、肤色和发色等各不相同，但基因上的差别却微乎其微。所以，破译"生命天书"有助于我们了解生命的构成、了解人类的进化和发展。

基因决定生物的性状和行为。科学家预测，将来也许一个婴儿呱呱坠地时，只要法律允许、父母同意，就可以拿到一本新生儿的"生命天书"。这是刚来到人世间的婴儿的个人基因档案，上面"记录"着该婴儿的各种基因信息。

因为人与人之间的基因差异，使人们在得同一种疾病时会有不同的表现，对同一种药物也会表现出不同的疗效。因而，了解这一基因差异，能帮助医生确定对患者采用什么药物以及多少剂量进行治疗。在这里，掌握患者的"生命天书"将成为医生更好地预测和诊疗疾病的前提。

人的生、老、病、死，都与基因休戚相关。因而"生命天书"的破译，将有利于人们推迟衰老的进程，延年益寿。人们可以按照"生命天书"调整自己的生活方式和情绪，使自己处于最佳生活状态，这样人类的寿命可能大幅延长。

应该说破译"生命天书"对人类社会的影响是广泛而深远的。美国著名的人类基因组研究专家说过这么一番话："破译'生命天书'的意义就如同在刚发明电的那个时代，没有人能想象出个人电脑和互联网一样。"

然而，近年来很多科学家认为，对人类"生命天书"的解读远未大功告成。尽管目前已有少数基因的分析可用于预测某些疾病，但离全面用于个体化医疗还有很长的路要走。

人造细胞

在整个生命世界中，绝大多数的生物都是由细胞组成的。细胞也有自己的边界线，这是极薄的一层膜——细胞膜。在细胞膜里，是一团蛋白质和各种对生物化学反应起催化作用的酶。过去所有的细胞都是天然的，现在科学家们已经用人工的方法把细胞制造出来了。

要制造人造细胞，首先要模仿生物细胞膜，研制出人造细胞膜。科学家经过反复试验，发现醋酸尼龙薄膜是比较理想的人造细胞膜。它的厚度可以做到0.02微米，和生物细胞膜差不多。生物细胞膜像海关一样，能对细胞内外进出的物质进行严格的检查。对有些物质"大开绿灯"，使之顺利地进入细胞，对另一些物质则"禁止通行"，把它们阻留在外面；或者把一些物质留在细胞内，而把另一些物质分泌、排泄出去。醋酸尼龙薄膜也具有这样的功能：蛋白质、酶和抗体等生物大分子无法通过，而中等大小和较小的生物分子却可以畅通无阻、自由出入。

有了人造细胞膜，还得合成蛋白质和酶。如今，人们已能合成比较简单的蛋白质如胰岛素等，有些酶也已经可以人工合成了。于是，科学家利用人造细胞膜和人工合成的蛋白质或酶，就能制造细胞了。

有人用醋酸尼龙薄膜把过氧化氢酶包起来，制成一种人造细胞。它的外形像微囊，大的犹如微小的鱼肝油丸，肉眼依稀可辨；小的要在显微镜下才能看清楚。如果给先天缺乏过氧化氢酶的大白鼠注射这种人造细胞，那么就能获得较好的治疗效果。也有人用人造细胞膜把动物的胰岛细胞包起来，制成另一种人造细胞。这种人造细胞进入小白鼠体内后，就能按需要释放胰岛素，使动物保持正常的血糖水平。只能在动物和人体外应用的活性炭细胞，也已应运而生。

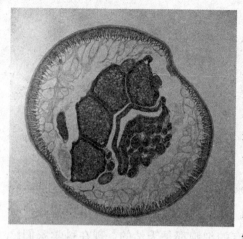

只要把病人的血液引出体外，流过一个充满这种人造细胞的容器，就能滤去血液中的毒素，使血液得到净化。因而，这种人造细胞可以代替肝细胞和肾细胞，起解毒作用。2004 年 12 月，美国科学家已在实验室里培育出一种类似细菌的人造细胞，它能生成蛋白质。

人造细胞虽然问世不久，但已展现出美好的前景。有的科学家设想把人造细胞带到太空中去，利用它把航天员的排泄物转化成有用的氨基酸和蛋白质；有的科学家试图制造出比生物细胞更加优异和神通广大的人造细胞；也有的科学家正在研究电子细胞，这是通过电脑模拟和再现细胞的生命现象，让细胞生物学实验在人工模拟的环境里进行。人们预料，不久的将来，人造细胞将得到广泛的应用。

不可思议的细胞

细胞的"眼睛"

眼睛是人和动物识别外界事物的器官，细胞怎么会长眼睛呢？

20 世纪初，美国生物学家威尔逊曾做过一个有趣的实验。他把两种不同颜色的海绵体磨碎后掺和在一起，这时，两种海绵细胞就像足球场上两队身穿红、绿色运动衣的球员，彼此混合，纵横交错。可是不久，海绵细胞就像听到了比赛结束的哨声，各自归队，排成两行，红是红，绿是绿，阵线分明，按颜色重新聚合成海绵体了。由此看来，细胞果然有识别能力，能认出"自己人"和"外人"。

后来，人们发现，这种识别现象不仅存在于同一种生物的细胞之间，也常发生在不同种的生物细胞之间；不仅人和动物的细胞有识别能力，甚至微生物与动植物细胞之间，也广泛存在着识别现象。

细胞的"眼睛"在哪里呢？原来，细胞膜上有一些蛋白质或糖蛋白（糖类与蛋白质的复合物）分子，能识别和接受外来信息，这就是受体。受体就是细胞的"眼睛"，细胞依靠这些眼睛进行识别。不同的受体由不同成分的蛋白质组成，因而具有不同几何形状的空间结构。同样，外来信息也有一定的空间结构。如果把受体比作锁，那么外来信息就是钥匙。俗话说，一把钥匙开一把锁，只有钥匙的齿形与锁眼的长、宽和形状完成匹配，才能把锁打开。同样道理，只有当受体与外来信息的空间结构相匹配时，受体才能识别这一信息。

揭开细胞识别现象的奥秘，为人们定向改造生物开创了广阔的前景。譬如，

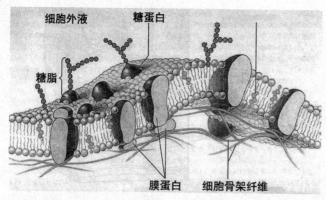

细胞外液　糖蛋白

糖脂

膜蛋白　细胞骨架纤维

豆科植物根部细胞的表面，有一种特殊的蛋白质，固氮菌一"眼"就能认出，于是它们便生活在一起了。固氮菌把空气中的氮固定下来，源源不断地为豆科植物提供着氮肥。假如我们设法让水稻、棉花和蔬菜等农作物的根细胞表面，也获得这种特殊的蛋白质，那么固氮菌就会"一视同仁"地与一切农作物共生，为人们一下子节省许多氮肥。

细胞通信

多细胞动物海绵是大海中的居民。它们的体色十分美丽，有红、黄、蓝、白、黑、橙、紫、灰色，真是各色俱全。它们的形状也多种多样，有一片一片、一块一块的，也有圆球状和树枝状的，有的像酒杯和水桶，也有的宛如精致的花瓶。海绵不仅以千奇百怪的形状、姹紫嫣红的色彩吸引着人们，它们那奇特的细胞通信手段，也使科学家们着了迷。

要知道，细胞"社会"和人类社会一样，也有着信息的传递和交换。科学家正是从海绵的细胞上发现细胞间居然也有通信联系。大约在70多年以前，美国的一位动物学家做过一个有趣的实验。他将海绵研碎过滤，把组成海绵的细胞从水中分离出来。令人感兴趣的是，分散在容器底部的海绵细胞会逐渐聚集成一小块。这块细胞团又会不断地把周围的细胞吸引过来，像滚雪球一样，使小块慢慢增大。最初，这些细胞只是无规则地混合在一起；后来，原先位于表面的细胞会自动排列到外侧，把构成海绵内部的细胞团团围住。结果，要不了几天时间，一个排列有序的新海绵体便重新复活了。实验表明，海绵细胞能彼此识别，按一定的顺序排列在一起。也就是说，海绵细胞间存在着"对话"，能进行细胞通信。

在这以后，人们又相继发现：除海绵之外，许多脊椎动物甚至植物的细胞也能进行通信。有人用酶来分解鸡胚胎中的蛋白质，把它的细胞一一拆开，然后把其中的心细胞和视网膜细胞混合在一

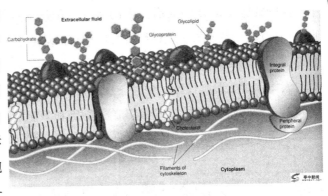

起。这两种细胞开始重新组合了，先是结合在一起，然后按原来的阵容排列，中间是清一色的心细胞，视网膜细胞围在四周。

动物和人体的细胞，是严格地按照不同的功能有机地组合在一起的。机体借助于细胞通信维持着正常的细胞排列秩序，协调细胞的发育、生长、增殖、分化和死亡等生命活动。一旦人体患了癌症，细胞间的正常秩序就会被打乱。由于癌细胞是细胞社会的"无政府主义者"，正常细胞无法与它们进行通信联系，因而借此就可以把两者区分开来，以利于人们一举歼灭癌细胞，使人体转危为安。

万能细胞

人体是个细胞的大世界。据研究，人体内的细胞数量可达 100 万亿。若按形态和功能分，这些细胞共有 200 多种，比如神经细胞、皮肤细胞、肌细胞、红细胞和白细胞。这些五花八门的细胞是从何而来的呢？现已知道，它们全都来自同一个受精卵细胞。为此，人们便把受精卵细胞称为"万能细胞"。

何谓万能细胞？这是一种能力出众、擅长"变脸"的细胞。它能"摇身一变"，变成不同形态和功能的 200 多种细胞，还能变成一个"五脏俱全""有血有肉"的人体。受精卵是形成人体的"主干"细胞，科学家又把它称为"全能干细胞"。

当受精卵处于一分为二、二分为四、四分为八、八分为十六的阶段时，每

个阶段的细胞也都能形成活生生的人，于是这些细胞被称为"全能胚胎干细胞"。在受精后约4天，受精卵发育成中空的球形囊胚（这时的胚胎约有100多个细胞，成为内侧聚集了一小团细胞的空"皮囊"）。这一小团细胞无法形成完整的人体，却能形成骨髓、神经、皮肤等多种不同的细胞和组织、器官，因而就叫"多能胚胎干细胞"。全能胚胎干细胞和多能胚胎干细胞都属于万能细胞。

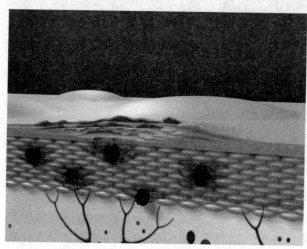

研究万能细胞有没有实际意义呢？要知道，人类的许多疾病如痴呆、脑损伤、脊髓损伤、心脏病和糖尿病等，都是由于相应器官或组织中的一种或少数几种细胞死亡或功能失常引起的。如能把患者的万能细胞"种"在那些病变部位，现今的不治之症便能得到医治。

有些患者的心脏或肝等器官的细胞基本上都夭亡或失去作用。急需调换整个器官，可如今器官移植的难度实在太大。倘若能把患者自己的万能细胞培养成需要的器官，那就万事大吉了。

然而，时至今日谁也没见过医院用万能细胞挽救人的生命。这是因为一个人出生后，万能细胞便不复存在了。

能不能人造万能细胞呢？2007年11月20日，美国威斯康星大学詹姆斯·汤姆逊实验室和日本京都大学再生医学科学研究所的两个独立的研究小组，分别在美国《科学》和《细胞》杂志上公布同样的研究成果：成功地使人体皮肤细胞变身为万能细胞。

人造万能细胞的问世意义深远。因为这些万能细胞不仅能使人体损坏的器官得到修复或更换，还有助于人们了解细胞、组织和器官等病变的原因，寻觅有效而安全的药物，为人类的健康和长寿奠定切实的基础。

细胞会唱歌

地球上的飞禽走兽、花草树木以及我们人类，都是由充满液体的"小房间"——细胞构成的。长期以来，人们总以为，这些细胞是默不做声的。可是，近年来美国加利福尼亚大学的化学教授詹姆士·吉姆泽夫斯基及其研究生安德鲁·佩林获得了一项惊人的新发现：喧闹的细胞世界充满了音乐的旋律。

在他们看来，细胞的"歌声"虽然各不相同，有的高亢有力，有的浑厚低沉，有的悲壮凄凉，但都是那么妙不可言。这"歌声"来自何方呢？研究表明，声音来源于细胞中的能量供应站——线粒体。有趣的是，生物体内的细胞一旦受到酒精的刺激，声音就显得特别刺耳；而当细胞将"寿终正寝"时，声音则会变得有气无力，仿佛在呻吟。

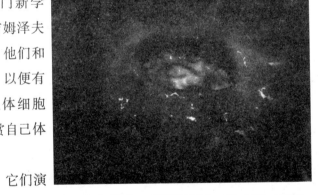

人们为这一新发现感到欢欣鼓舞，因为它也许会促成一门新学科——细胞声学的问世。吉姆泽夫斯基和佩林也忙碌起来了，他们和其他科学家正在积极筹备，以便有朝一日举行世界上首场人体细胞"音乐会"，让世人尽情欣赏自己体内各种细胞的迷人旋律。

癌细胞只会发出噪声，它们演奏的是一首气氛紧张的乐曲。因而科学家们设想：可以研制一种人造"耳"，通过识别细胞的"歌声"来诊断癌症等疾病。这种人造"耳"必须小巧玲珑，专门用于聆听细胞歌唱。只要将它们注射到人体血管中，人造"耳"就能像微型听诊器那样，密切注视人体的新陈代谢，寻找和发现病变细胞。由此可能会出现一种独一无二的疾病诊断法，人类与疾病斗争的史册也将揭开崭新的一页。

人工单性生殖

1918 年，美籍德国人勒布用简单的化学刺激代替精子，引起了海胆卵的发育，从而发现了人工单性生殖。

人工单性生殖，亦称人工孤雌生殖、人工单性发生。对有性生殖的动植物的卵给予人工刺激，在没有精子的条件下，也能使之在发育上产生一定的变化，这被称为人工单性生殖。

把蚕的未受精卵接触硫酸或用刷毛擦触，可引起其发生早期的变化，这是 19 世纪以来为人们所熟知的；但从 20 世纪初开始趋向于用海胆和蛙卵作实验材料，研究有了很大的进展。科学家勒布把海胆用酪酸和高渗海水处理，成功地获得了幼体和成体。

在今天，对棘皮动物、环节动物、软体动物、鱼类等进行了广泛的实验，就连像家兔那样的高等动物也在一定程度上获得了成功。这种方法虽可分为化学的和物理的两大类，但因动物种类不一样，分别有不同的适用方法。例如对海胆，除用酪酸以外，还可以用尿素、皂碱、合成洗剂、酚等刺激未受精卵，进而再用高渗海水进行处理。经过这样处理的卵，能产生与受精卵相同的受精膜，然后开始卵裂。这些研究既有助于说明受精现象，同时也对遗传学有所贡献。在植物方面同样的研究虽然很少，但对褐藻类的墨角藻等应用与海胆同样的处理方法，也会得到分裂的例子。

肝脏抽出液可治恶性贫血

1924年，美国医生迈诺特发现贫血病的肝脏疗法。从那以后，曾经让医学界束手无策的恶性贫血病就成为了一种可治之病。

迈诺特1885年生于马萨诸塞州波士顿，是哈佛大学的学生，1912年取得医学学位，一度在约翰斯·霍普金斯大学工作，后于1915年又回到波士顿，像他祖父、父亲和叔叔一样在马萨诸塞州总医院和彼得·本特·布里格姆医院工作。

迈诺特对研究血液病特别是恶性贫血非常感兴趣。人一旦患病，红细胞数目呈进行性下降，常能危及生命。早在20世纪20年代初期，惠普尔曾报道过食物中的肝脏可以显著提高贫血病人红细胞数量的许多试验（尽管未涉及到恶性贫血），这些报道对迈诺特有很大的启发。

迈诺特已确定恶性贫血是由于缺乏维生素引起的营养缺乏病，因为这种病常伴有胃液中盐酸的缺少。由于消化功能减退，导致某种维生素的吸收量低于正常，但这并不影响在贫血病人的食谱中添加肝脏，因为肝脏中含有丰富的维生素。

1924年迈诺特与其助手墨菲开始对恶性贫血病人进行肝脏疗法，到1926年共观察了45例，取得了惊人的疗效。从那以后，恶性贫血病就成为了一种可治之症，迈诺特也因此获得了1934年诺贝尔生理学或医学奖。

DNA 的双螺旋结构

　　1953 年，英国科学家克里克与美国科学家沃森共同发现了 DNA 的双螺旋结构。

　　20 世纪 40 年代末和 50 年代初，在 DNA 被确认为遗传物质之后，生物学家们不得不面临着一个难题：DNA 应该有什么样的结构，才能担当遗传的重任？因为它必须能够携带遗传信息，能够自我复制并传递遗传信息，能够让遗传信息得到表达以控制细胞活动，并且能够突变并保留突变。这四点，缺一不可，那么，如何建构一个 DNA 分子模型解释这一切呢？

　　当时主要有三个实验室几乎同时在研究 DNA 的分子模型。

　　第一个实验室是伦敦国王学院的威尔金斯、富兰克林实验室，他们用 X 射线衍射法研究 DNA 的晶体结构。当 X 射线照射到生物大分子的晶体时，晶格中的原子或分子会使射线发生偏转，根据得到的衍射图像，可以推测分子大致的结构和形状。

　　第二个实验室是加州理工学院的大化学家莱纳斯·鲍林的实验室。在此之前，鲍林已发现了蛋白质的 α–螺旋结构。

　　第三个则是个非正式的研究小组，事实上他们可以说是不务正业。23 岁的年轻的遗传学家沃森于 1951 年从美国到剑桥大学做博士后时，虽然其真实意图是要研究 DNA 分子结构，挂的课题项目却是研究烟草花叶病毒。比他年长 12 岁的克里克当时正在做博士论文，论文题目是《多肽和蛋白质：X 射线研究》。二人一见如故，沃森说服与他分享同一个办公室的克里克一起研究 DNA 分子模型，他需要克里克在 X 射线晶体衍射学方面的知识。

　　沃森和克里克虽然性格相左，但在事业上志同道合。沃森生物学基础扎实，训练有素；克里克则凭借物理学优势，又不受传统生物学观念束缚，常以一种全新的视角思考问题。他们二人优势互补，并善于吸收和借鉴当时也在研究 DNA 分子结构的鲍林、威尔金斯和富兰克林等人的成果。他们俩利用获得的 X 射线衍射实验的结果建构了 DNA 的双螺旋模型，而且，克里克以其深邃的科学洞察力，不顾沃森的犹豫态

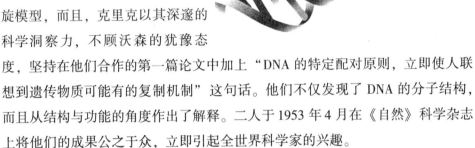

度，坚持在他们合作的第一篇论文中加上"DNA 的特定配对原则，立即使人联想到遗传物质可能有的复制机制"这句话。他们不仅发现了 DNA 的分子结构，而且从结构与功能的角度作出了解释。二人于 1953 年 4 月在《自然》科学杂志上将他们的成果公之于众，立即引起全世界科学家的兴趣。

自从 DNA 的双螺旋结构发现后，还有许多问题需要解决。例如：DNA 如何控制蛋白质的合成？克里克和其他科学家包括沃森在内继续进行研究。他们都是"RNA 俱乐部"的成员，这个俱乐部的宗旨是：揭开 RNA 结构之谜，并且能够明白它是如何建造蛋白质的。他们把注意力集中在"中心法则"问题上。遵循这个法则，DNA 是遗传信息的载体，RNA 起着桥梁的作用，它可以把遗传信息从细胞核中传至制造蛋白质的细胞质中。这个理论中的 RNA 的译码问题一直处于讨论和研究之中，直到 1961 年克里克和悉尼·不雷诺提供了"三联体"密码在解读遗传物质方面的作用的有关遗传证据后，译码问题终于得到了解决。

在克里克工作的大部分时间里，他一直在剑桥大学为"医学研究委员会"工作。1976 年克里克前往美国任加州沙克研究所教授，进行神经生物学研究。1988 年他在《疯狂的探索》一书中写下了自己的亲身经历。

DNA 双螺旋结构的提出，被誉为人类有史以来最伟大的发现之一，开启了分子生物学时代。分子生物学使生物大分子的研究进入一个新的阶段，使遗传

的研究深入到分子层次，"生命之谜"被解开了，人们清楚地了解了遗传信息的构成和传递的途径。在以后的近50年里，分子遗传学、分子免疫学、细胞生物学等新学科如雨后春笋般出现，一个又一个生命的奥秘从分子角度得到了更清晰的阐明，DNA重组技术更是为利用生物工程手段进行研究和应用开辟了广阔的前景。

1962年，沃森与克里克协同威尔金斯共享了这一年的诺贝尔生理学或医学奖。莫里斯·威尔金斯和罗莎琳德·富兰克林提供了有关DNA结构的必要数据，沃森为此专门写了一本书《双螺旋——发现DNA结构的故事》，于1968年发表。这本书首次采用谈话的形式描述了科学发现的详细过程，一直畅销不衰。

维生素 A 的视觉作用

　　1967 年的诺贝尔生理学或医学奖分别授给了美国的哈特兰、沃尔德和瑞典的格拉尼特，以褒奖他们发现了维生素 A 的视觉作用、眼睛的化学和生理视觉过程。

　　哈特兰 1903 年生于美国宾夕法尼亚州布卢姆斯堡，1923 年毕业于宾夕法尼亚州伊斯顿的拉斐德学院，1927 年获约翰·霍普金斯大学医学博士。他曾多次出国，先后在美国国内几所学校任教，后于 1953 年到纽约洛克菲勒大学任教。他早年致力于神经细胞代谢的研究，后来逐渐专门研究视网膜中独特细胞的作用。像格拉尼特一样，他也打算研究视网膜细胞的各种作用。为此目的，他使用微型电极，并设法把青蛙眼睛中的独特纤维分离出来加以研究。从此视觉的精巧作用开始得到阐明。

　　沃尔德 1906 年生于美国纽约。1927 年毕业于纽约大学，1932 年在哥伦比亚大学获得哲学博士学位。1934 年在哈佛大学任教，此后就一直留在那里。他的主要兴趣在视觉机能的化学过程方面，在暗淡的光线中起作用的视网膜杆状体内含有一种色素（视紫，或视紫红质），沃尔德证实这种色素是由一种蛋白质（视蛋白）与一种叫做视醛的化合物组合而成的。视醛与维生素 A 的结构非常相似，它是由体内维生素 A 转化而成的。当光线射到视紫红质上时，蛋白质与视醛分离，它们在黑暗中重新结合。在 20 多年的时间里，沃尔德和他的小组精确地观察了这些变化的详细过程。明和暗变化的过程中，有些视醛不可逆地发生了变化而逐渐消失，比较稳定的维生素 A 则生成更多的视醛。当食物中长期缺乏维生素 A 而体内贮存的这种化合物已经消耗尽时，就无法生成另外的视醛，杆状体将丧失功能，眼睛对暗淡的光线就没有反应。由于这些原因，缺乏维生素 A 的特征之一（虽然不是唯一的）是夜盲症。

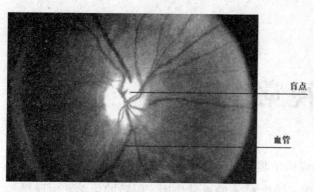

盲点

血管

格拉尼特 1900 年出生于芬兰赫尔辛基，1940 年之后，由于苏联的入侵，格拉尼特前往瑞典的斯德哥尔摩，并成为保有芬兰国籍的瑞典公民。他在学医时就认为在他从事业开始时就进行的视觉研究中，生理学比心理学将提供一个更好的开端。1927 年 12 月他得到了医学博士学位，1929 年成为生理学"讲师"。从 1920 年到 1947 年，格兰尼特主要研究视觉方面的工作，在 20 世纪 20 年代以心理物理学方法开始，从 20 世纪 30 年代早期起以电生理工作结束。他之后进行了肌肉传入特别是肌梭神经及其运动控制方面的工作，以后转至脊髓，研究肌肉传入神经的投射并区分开紧张性和时相性运动神经元，确定了在这些细胞上兴奋和抑制的代数总和，最后同样用细胞内途径研究这些和一些其他运动控制的问题。1965 年他创始了国际诺贝尔专题讨论，并且是诺贝尔专题讨论会肌肉传入和运动控制讨论的主席和编辑。

单克隆抗体的研制

1975 年，阿根廷免疫学家米尔斯坦和他的同事——德国科学家克勒研制出了有"生物导弹"之称的单克隆抗体，两人因此获得了 1984 年诺贝尔生理学或医学奖。

人类在与病魔作斗争的漫长历程中，取得了许多辉煌的成就，并挽救了千百万人的生命。但是，至今仍然有千百万人因身患癌症、红斑狼疮或艾滋病而遭到病痛的折磨，痛苦地挣扎在死亡线上。科学家以造福人类为天职，辛勤地寻觅，研制特效的药剂，以根除病人的病痛，挽救生命。

众所周知，抗体是免疫系统的产物，动物受抗原刺激后，可产生相应的抗体去识别抗原并与之结合，最终将抗原消除，这一职能是由 B 淋巴细胞行使的。但是，机体内有成千上万个不同的 B 淋巴细胞，每一个 B 淋巴细胞只能产生对付专一抗原的一种特定抗体，过去人们从血清中提取的抗体是由好多 B 淋巴细胞产生的多种抗体的混合物，成分复杂，也不容易大量生产。若将其在体外培养，一个 B 淋巴细胞的分裂又是有限的，就是说利用一个 B 淋巴细胞获取大量纯一的抗体是不可能的。为了满足理论医学的研究和临床实践的应用，多年来科学家们致力于寻求一种制备大量纯一抗体的技术。

早在 20 世纪 30 年代，从事动物组织培养的科学家发现，培养的动物细胞一旦感染上某种病毒之后，该种细胞就会产生一种物质干扰其他细胞再度感染，这种物质由此得名干扰素。干扰素具有种族特异性，如鸡细胞产生的干扰素不能干扰病毒感染鸭细胞，如果想得到干扰病毒感染人体细胞的干扰素，就需要用人的细胞来制备。但人的白细胞资源并不充足，要想靠白细胞生产干扰素而用于临床，实在很难办到。那么，能否人工培养白细胞呢？此路也是不通，因

为白细胞在人工培养条件下不能分裂增殖，所以，通过细胞培养人干扰素的努力失败了。但是，失败经常孕育着成功，培养白细胞生产人干扰素的失败却换来了"生物导弹"的诞生。

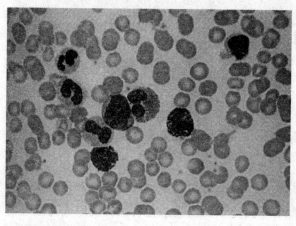

"生物导弹"真正的名字叫"单克隆抗体"。把"单克隆抗体"比作"生物导弹"，确实名副其实，因为这种抗体真像那些长着"眼睛"的定向导弹一样，进入人体后能直奔目标——癌细胞。而且还能像带有核弹头的导弹一样，可以带上"核武器"——放射性同位素或抗癌药物，进入人体后能不偏不倚地直奔癌细胞，将其杀死。

单克隆抗体何以有如此神奇的功能呢？原来现代免疫学认为，一种抗体是由一种B淋巴细胞产生的，人体内大约有1亿种不同的B淋巴细胞，也就是说，人体内可以产生1亿种不同的抗体。为此，医学家千方百计地培养多种人的癌细胞，当把人体的癌细胞移植到老鼠身上，使老鼠长癌，那么，老鼠体内就产生了专门对付该种癌细胞的B淋巴细胞抗体，然后，如果能把这种产生某种抗体的B淋巴细胞体外培养成功，那么在培养基中就会随着B淋巴细胞的繁殖而得到愈来愈多的抗体。可是，B淋巴细胞在体外的寿命实在太短了，因此，体外培养B淋巴细胞难度很大。

1975年，米尔斯坦和他的同事克勒，在英国剑桥大学分子实验室内巧妙地把B淋巴细胞和一种能在体外无限生长的骨髓瘤细胞合并成一个细胞，这个"混血儿"在体外培养时既能无限生长，又能产生B淋巴细胞的抗体。实践证明，这种"混血"的杂交瘤细胞在体外培养也不能无限增多，因此，体外培养杂交瘤产生的单克隆抗体数量也是有限的。但当杂交瘤的细胞被注射进老鼠的腹腔中，它就能无限繁殖，产生一批批"生物导弹"——单克隆抗体，并被源源不断地运到"抗癌战场"，向着癌细胞开火。

简而言之，这项技术利用了令人望而生畏的癌细胞和能分泌抗体的 B 淋巴细胞。在介导物（通常用聚乙二醇）的作用下促使这两种细胞融合，获得杂交瘤细胞。这一杂交瘤细胞既继承了癌细胞大量增殖的特性，又继承了淋巴细胞分泌单一抗体的能力，然后在培养基中培养、克隆化，最后产生大量抗体。

单克隆抗体的问世，不仅为生物科学研究提供了有效的手段，而且已越来越广泛地应用于疾病的诊断和治疗，渗透到了生命科学的各个领域中去。特别是 20 世纪 80 年代以来，科学家给这种生物导弹装配了新的"弹头"，即将它与同位素、毒素、药物等结合，制成了新一代的生物导弹，从而更为有效地杀伤癌细胞，提高治愈率，为千百万人带来了福音。目前世界上已经研制出几千种单克隆抗体，有的已经投放市场，对医学和工农业生产产生了巨大的影响。科学家们预言，单克隆抗体将有效地防治包括癌症在内的许多疾病，成为人们梦寐以求的抗击癌症、红斑狼疮或艾滋病等许多疾病的有力武器。

端粒的奥秘

20 世纪 30 年代，缪勒和麦克林托克等就已发现了端粒结构的存在。

端粒是存在于染色体顶端的物质。端粒本身没有任何密码功能，它就像一顶高帽子置于染色体头上。在新细胞中，细胞每分裂一次，染色体顶端的端粒就缩短一次，当端粒不能再缩短时，细胞就无法继续分裂了，这时候细胞也就到了普遍认为的分裂 100 次的极限并开始死亡。因此，端粒被科学家们视为"生命时钟"。科学家由此又开始研究精子和癌细胞内的染色体端粒是如何长时间不被缩短的原因。

1978 年，四膜虫的端粒结构首先被测定。

1984 年，拥有美国和澳大利亚双重国籍的生物学家伊丽莎白·布莱克本对单细胞生物进行研究，在分析染色体端粒显微镜图时发现了一种能维持端粒长度的端粒酶，并揭示了它在人体内的奇特作用：除了人类生殖细胞和部分体细胞外，端粒酶几乎对其他所有细胞不起作用，但它却能维持癌细胞端粒的长度，使其无限制扩增。

从 1990 年开始，凯文·哈里就把端粒与人体衰老挂上了钩：首先，细胞愈老，其端粒长度愈短；细胞愈年轻，端粒愈长，端粒与细胞老化有关系。当细胞端粒的功能受损时，就出现衰老，而当端粒缩短至关键长度后，衰老加速，临近死亡。其次，正常细胞端粒较短。细胞分裂会使端粒变短，分裂一次，缩短一点，就像铁杆被磨损一样，如果磨损得只剩下一个残根时，细胞就接近衰老。细胞分裂一次其端粒的 DNA 丢失约 $30 \sim 200bp$（碱基对）。最后，研究发现，细胞中存在一种酶，它合成了端粒。端粒的复制不能由经典的 DNA 聚合酶催化进行，而是由一种特殊的仅转录酶——端粒酶完成。正常人体细胞中检测不到端粒酶。一些良性病变细胞，体外培养的成纤维细胞中也测不到端粒酶活性，但在生殖细胞、睾丸端粒的位置、卵巢、胎盘及胎儿细胞中此酶为阳性。令人瞩目的发现是，恶性肿瘤细胞具有高活性的端粒酶，端粒酶阳性的肿瘤有淋巴瘤、急性白血病、乳腺癌、结肠癌、肺癌等。

其他与寿命有关的基因也在被不断地发现，它们的工作原理与端粒相似。科学家们不但希望能找到人体内所有的生命时钟，更希望找到拨慢时钟的方法。目前很多植物的端粒酶已被提取出来，许多国家的研究组正在从事相关课题的研究。有观点声称，即使可保护端粒在分裂中不被降解的药物被发明，其对于生命常青的意义也有待商榷，因为当一个老年人被植入年轻的端粒后，其身体是否能接受还是一个问题。

凭借"发现端粒和端粒酶是如何保护染色体的"这一成果，揭开了人类衰老和罹患癌症等严重疾病的奥秘的三位美国科学家伊丽莎白·布莱克本、卡罗尔·格雷德、杰克·绍斯塔克等人获得 2009 年的诺贝尔生理学或医学奖。

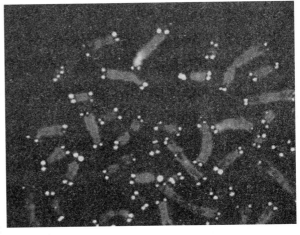

获奖者之一的伊丽莎白·布莱克本介绍说："染色体携有遗传信息。端粒是细胞内染色体末端的'保护帽'，它能够保护染色体，而端粒酶在端粒受损时能够恢复其长度。伴随着人的成长，端粒逐渐受到'磨损'。于是我们会问，这是否很重要？而我们逐渐发现，这对人类而言确实很重要。"

瑞典的卡罗林斯卡医学院发布的新闻公报说，这三位科学家的发现"解释了端粒如何保护染色体的末端以及端粒酶如何合成端粒"。借助他们的开创性工作，人们知道，端粒不仅与染色体的个性特质和稳定性密切相关，而且还涉及细胞的寿命、衰老与死亡等。简单地说，端粒变短，细胞就老化。相反，如果

端粒酶活性很高，端粒的长度就能得到保持，细胞的老化就被延缓。不过需要指出的是，近年来陆续有研究发现，端粒和染色体等虽然与细胞老化有关，进而影响衰老，但并非唯一的因素，"生命衰老是一个非常复杂的进程，它有许多不同的影响因素，端粒仅仅是其中之一"。

"这是有关人类衰老、癌症和干细胞等研究的拼图中重要的一片，"新闻公报说，"他们的发现使我们对细胞的理解增加了新的思路，并将促使我们开发出潜在的新疗法。"

基因的奥秘

人为什么会老，人为什么会得病，人为什么会长的那么相似，为什么龙生龙，凤生凤，耗子生儿会打洞，这都是基因决定的。包括种瓜得瓜种豆得豆，花开花落，麦子冬天一种夏天就要收割，这也都是基因决定的。现在社会发展到今天，科学家已经认识到基因是一切生物生老病死的主宰者。

1856 年，为了探究控制杂种形成和发育的规律，奥地利学者孟德尔在奥地利布隆（现属捷克）的奥古斯丁修道院中，开始了长达 8 年的豌豆杂交实验。最后他创造了一整套全新的遗传学研究方法。1865 年，在布隆自然科学协会的每月例会上，孟德尔分两次向到会的 40 多位专家、学者和教授详细地陈述了他独特的遗传学分析方法，提出了关于遗传因子分离和组合的新观念，在人类历史上，第一次揭示了遗传的基本规律，被称为"遗传学之 3Z"。

1883 年，德国生物学家魏斯曼提出了种质连续学说，在生物学史上第一次区分了种质和体质，并强调种质的稳定性和连续性，为后来的染色体遗传理论的建立和基因学说的发展提供了基本的设想，对生物学、遗传学的发展产生了巨大的影响。

1909 年丹麦学者约翰森提出了"基因"这一名词，用它来指任何一种生物中控制任何性状而其遗传规律又符合孟德尔定律的遗传因子，并且提出基因型和表现型这样两个术语，前者是一个生物的基因成分，后者是这些基因所表现的性状。1910 年后，美国动物学家摩尔根（Thomas Hunt Morgan）等人研究证明，遗传因子（基因）在染色体上呈线形排列，并证明染色体是遗传基因的载体。1915 至 1928 年间，摩尔根通过果蝇实验，证明了细胞核内染色体上的基因决定着生物性状，从而创立了基因理论。

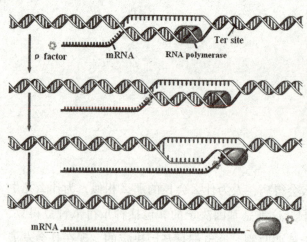

1944 年埃弗里发现细菌转化因子是 DNA，即脱氧核糖核酸，首次证实 DNA 是遗传物质。1953 年 4 月 25 日，英国《自然》杂志刊登了 25 岁的沃森和 37 岁的克里克合作研究的成果——DNA 双螺旋结构的分子模型，这一成就后来被誉为 20 世纪生物学方面最伟大的发现，也被认为是分子生物学诞生的标志。

1957 年法国遗传学家本滋尔以 T4 噬菌体作为研究材料分析了基因内部的精细结构，提出了顺反子学说，这是基因概念的伟大突破。从 1961 年开始，尼伦伯格和科拉纳等人逐步搞清了基因以核苷酸三联体为一组编码氨基酸，并在 1967 年破译了全部 64 个遗传密码，这样把核酸密码和蛋白质合成联系起来。然后，沃森和克里克等人提出的"中心法则"更加明确地揭示了生命活动的基本过程。1970 年，特明以在劳斯肉瘤病毒内发现反转录酶这一成就进一步发展和完善了"中心法则"，至此，遗传信息传递的过程已较清晰地展示在人们的眼前。

发展到今天，被誉为生命科学领域"阿波罗登月计划"的人类基因组计划正在紧锣密鼓地进行，并且取得重大突破。随着无数科学家前赴后继的努力，基因的神奇面纱必将一层一层被揭开。

难攻的艾滋病

在 1980 年 10 月至 1981 年 5 月间，5 个同性恋年轻男子在美国加利福尼亚州洛杉矶的三所医院里被诊断为卡式肺囊虫性肺炎接受治疗。很快，其中两名病人相继死亡。经化验，5 名病人都在过去或当时患有巨细胞病毒和黏膜病毒感染。对这些病人的观察表明，他们似乎细胞免疫功能缺损，一般接触便可以感染病毒，例如肺囊虫性肺炎和念珠菌等。这就是世界上早期关于艾滋病的报道。

艾滋病，即获得性免疫缺陷综合征（又译：后天性免疫缺陷症候群），英语缩写 AIDS（Acquired Immune Deficiency Syndrome）的音译。艾滋病病毒 HIV 是一种能攻击人体内脏系统的病毒，它把人体免疫系统中最重要的 T4 淋巴组织作为攻击目标，大量破坏 T4 淋巴组织，产生高致命性的内衰竭。这种病毒在地域内终生传染，破坏人的免疫平衡，使人体成为各种疾病的载体。HIV 本身并不会引发任何疾病，而是当免疫系统被 HIV 破坏后，人体由于抵抗能力过低，丧失复制免疫细胞的机能，从而感染其他的疾病导致各种复合感染而死亡。

不管怎么说，艾滋病是 20 世纪下半叶最严重的一种传染病。到 1988 年初，美国已经发现 5 万多名艾滋病患者。1992 年，世界卫生组织预言，2000 年时全世界的艾滋病人将达 250 万，但这个预言远远低估了艾滋病的传播速度。据联合国艾滋病防治组织发布的疫情报告，当人类跨进 2000 年之际，全球感染艾滋病毒的人和艾滋病患者已达 3400 万。该组织发布的 1999 年艾滋病报告说，艾滋病被发现以来，全球已经有至少 1880 万艾滋病患者丧失了生命。艾滋病造成的孤儿已达 1320 万。

更可怕的是艾滋病对人类的危害已经几乎渗透到地球的每一个角落。当人

们还在嘲讽这种最先发现在发达国家的疾病是"富贵病"时，艾滋病的触角迅速延伸到了发展中国家的乡村。在印度，73%的艾滋病感染者生活在相对落后的农村。科学知识贫乏、生活质量低下和防治能力有限的发展中国家、撒哈拉以南非洲地区为艾滋病肆虐准备了温床。其中非洲是艾滋病流行的重灾区，世界70%的艾滋病患者或艾滋病毒感染者集中在非洲大陆。1998年，非洲有20万人死于战争和地区性冲突，而死于艾滋病的人却10倍于战争，达200万之众，平均每天有5500人被艾滋病夺去生命。

2006年，世界艾滋病专家在伦敦召开学术会议，首次就艾滋病毒发端于何时和怎样传播给人类等问题进行了深入讨论。与会专家达成共识：艾滋病是从非洲一种黑猩猩身上传染给人类的。不管艾滋病怎样开始在人类传播，但这种不治之症的蔓延肯定要归咎于人类自己。人类只要首先洁身自爱，远离吸毒、嫖娼、同性恋等，就能基本上有效预防这种可怕的病毒。